Miguel de Unamuno

POLITICAL SPEECHES
AND JOURNALISM (1923–1929)

EXETER HISPANIC TEXTS

Founded by Keith Whinnom and J. M. Alberich
General Editor: W. F. Hunter

LIV

POLITICAL SPEECHES
AND JOURNALISM
(1923–1929)

Miguel de Unamuno

POLITICAL SPEECHES
AND JOURNALISM
(1923–1929)

Edited by
Stephen G. H. Roberts
University of Nottingham

UNIVERSITY
of
EXETER
PRESS

First published in 1996 by
University of Exeter Press
Reed Hall, Streatham Drive,
Exeter, Devon EX4 4QR
UK

© Stephen G. H. Roberts
Herederos de Miguel de Unamuno 1996

ISSN 0305–8700
ISBN 0 85989 440 1

British Library Cataloguing in Publication Data
A catalogue record for this book
is available from the British Library

Printed and bound in Great Britain by
Antony Rowe Ltd, Chippenham

ACKNOWLEDGEMENTS

These articles and speeches have been reproduced here with the kind permission of the Herederos de Miguel de Unamuno and of their literary agent, Ute Körner.

I am indebted to the University of Newcastle-upon-Tyne for making available funds for a study trip which enabled me to carry on my research into this edition.

I would also like to thank Dr W. F. Hunter, General Editor of Exeter Hispanic Texts, for his patience and invaluable advice; Pilar Varela, former Director of the Hemeroteca Municipal de Madrid, for her help while I was collecting this material; and María José Martínez Jurico and Elías Díaz for their encouragement and support.

INTRODUCTION

The articles and speeches reproduced here are appearing in print for the first time since they were published in Spanish and foreign newspapers, journals and clandestine broadsheets between 1923 and 1929. This was a time of crisis in Spanish politics; it was also the period of Unamuno's life in which he was most heavily involved in national affairs, actively fighting against the corruption of the final governments of the Restoration political system (1875-1923) and then against the Dictatorship of General Primo de Rivera (1923-30). His opposition to the Dictator led to his banishment to Fuerteventura in February 1924 and to his self-imposed exile, first in Paris (July 1924 to August 1925) and then in Hendaye (August 1925 to February 1930).

The events of these years forced Unamuno actively to defend his idiosyncratic political views, which, he felt, were under threat. The items reprinted here reflect the different stages of his political struggle at this time: he criticises the policies of the final democratically elected government before Primo de Rivera's coup d'état and registers his first responses to the Dictatorship; he attempts to galvanise support for his opposition to the military régime and assesses the relative merits of Liberalism, Socialism and Republicanism in an attempt to define what could constitute the ideal political system; then, in exile, he indulges in bitter personal attacks on key political figures, especially Primo de Rivera and the King, Alfonso XIII.

These articles and speeches contain the clearest ideological statements and the most coherent political response that Unamuno had produced since his Socialist days of the 1890s and reveal a great deal about his evolving understanding of the nature of political activity and of his role as a public figure. They provide a valuable insight into the different approaches and styles which Unamuno employed in his verbal struggle with the Restoration politicians and the Dictatorship: from the ideological and allegorical pieces of 1923 and 1924 to the increasingly violent invective of the articles he wrote in exile for the clandestine anti-Dictatorship publication *Hojas Libres* and the Parisian journal *Monde* (1927-29). They also shed light on the context in which Unamuno produced his better-known works of this time, *La agonía del cristianismo* (1925), *Cómo se hace una novela* (1924-27) and the *Cancionero* (from 1928 onwards).

The selection begins with a series of articles published in 1923 between January and Primo de Rivera's coup d'état on 13 September which reveal how little his world-view and understanding of the political situation had changed since *Del sentimiento trágico de la vida* (1912) — and even since *En torno al casticismo* (1895).

In 'L'Avenir de l'Europe', Unamuno analyses the political and spiritual situation of Europe in the early 1920s. Using language which directly recalls the conclusion to *Del sentimiento trágico de la vida* ('Don Quijote en la tragicomedia europea contemporánea'), he points to a general crisis in European values which had been exacerbated by the Great War and the political events of the decades of 1910 and 1920. He denounces the 'exhaustion' of European civilisation (p. 5) and, above all, the loss of belief in individualism and the loss of spirituality throughout the Continent. He seems to blame not only the demoralising effects of the War but also the spread of collective philosophies such as Communism, dogmatic Socialism (pp. 3-5) and forms of nationalism based on the concept of 'race' (p. 7).

To combat the effects of such philosophies, Europe, he claims, needs to rediscover her spiritual roots: only a religious renaissance can give new vigour to the Continent and its civilisation (p. 8). The echoes of *Del sentimiento trágico de la vida* are clear in pages 8-9: Europe can only be saved by the quixotic philosophy which Unamuno had defined in the conclusion to that work. This article, then, goes some way towards defining the mission that Unamuno would take with him into exile in France, where he was able to observe at first hand the 'tragicomedia europea contemporánea' and where his awareness of what he then called the 'pavoroso estado de conciencia moral de la posguerra' was intensified.[1] Indeed, it clearly anticipates the outlook and language of *La agonía del cristianismo* in its placing of Unamuno's political struggle in a wider, spiritual context and in its reference to the 'agony' of European civilisation and of the religion which had brought that civilisation into existence (p. 8).

---

[1] 'Recuerdos y ensueños', *Nuevo Mundo*, Madrid, 5 December 1924; reprinted in *Obras completas* (Madrid: Escelicer, 1969), VIII, 616-18 (p. 616). On Unamuno's criticism of the state of European civilisation at this time, see Stephen G. H. Roberts, 'Unamuno's Opposition to Primo de Rivera and his Sense of Mission (1923-1924)', in *Re-reading Unamuno*, ed. N. G. Round (Glasgow: University of Glasgow, 1989), pp. 81-99.

Unamuno's interest in defending deeper values can also be seen in 'Mientras pasa la tormenta'. He wrote this article in the village of Tudanca in Northern Spain, where he was able to turn his gaze on the seemingly unchanging rural life of his country, the 'vida intra-histórica de nuestros pueblos' (p. 11). By doing so, he felt that he had come into contact with a style of life which was untouched by the superficial events of history and he described what he saw in a way directly reminiscent of the chapter in *En torno al casticismo* in which he had defined his concept of 'intrahistoria'.[2] His experiences in Tudanca enabled him to reaffirm his wider spiritual mission which involved him, in part, defending what he here referred to as a profound sense of 'civic communion' (p. 12).

Unamuno was also at this time involved in a bitter political struggle. Ever since the 1890s, he had been a fierce critic of the injustices and corruption of the Restoration political system, which was based on election rigging and an increasingly frequent change of government.[3] By 1921, however, his criticisms had become more urgent, since he believed that the system was in a possibly terminal crisis. That year saw the Spanish Army defeated by Moroccan rebels at Annual. The resultant enquiry into the reasons for the defeat pointed the finger of suspicion not only at certain elements in the Armed Forces but also at the King, Alfonso XIII, who, it was rumoured, had a direct influence over the military campaigns in Morocco.[4] Over the years 1921 to 1923, Unamuno stepped up his campaign against the Moroccan War and added his voice to those calling for a full and independent enquiry into the question of responsibilities over the running of the War. Two polemical pieces from the end of this period are 'Dos

---

[2] 'La tradición eterna'; in *Obras completas*, I, 783-98. Unamuno would strike a similar note in many of the articles he would later write in Fuerteventura and Hendaye. See, for instance, 'De Fuerteventura a París', *Caras y caretas*, Buenos Aires, 4 October 1924, and 'En el Grand Café', *Caras y caretas*, Buenos Aires, 27 February 1926; in *Obras completas*, VIII, 602-04 and 654-55.

[3] For a description of the Restoration system of 'turno pacífico', see Raymond Carr, *Spain 1808-1939* (Oxford: Clarendon Press, 1966), pp. 347-88 and 473-523.

[4] For a description of the Annual disaster and the quest for who was to blame, see Carr, *Spain 1808-1939*, pp. 516-23. Unamuno often returned to this matter in his *Hojas Libres* articles; see 'El vice-imperio ibero-africano' and 'De nuevo lo de las responsabilidades' (below, pp. 59-63 and 72-80).

dilemas' and 'República y corona', where he strongly criticises the activities of the Army (p. 13), the Government (p. 14), and the Foreign Minister, Santiago Alba, whom he accuses of suffering from an 'imperialismo fajista' (p. 17). But his fiercest words are reserved for the King, since, he implies, the continuing unconstitutional influence of the Monarch over political affairs is making a mockery of the democratic parliamentary system. As he puts it at the end of 'Dos dilemas', the true dilemma now facing the Spanish people is 'o absolutismo o democracia' (p. 15).

Although Unamuno was such a fierce critic of the Restoration system, he did not for one moment welcome the coup d'état carried out by General Primo de Rivera on 13 September 1923. Indeed, he later recalled in 'Pornocracia y cleptocracia' that 'me pronuncié desde el primer día en contra del pronunciamiento' (p. 86). In the articles that he wrote between the coup and his exile in February 1924 (represented here by 'Niarquinismo', 'La minoría selecta', 'Casa y casino', 'Una anécdota más', 'Napoleón, patriota civil', 'Nada de partido nacional' and 'Hay que levantar la censura'), he virulently criticised certain aspects of the new military régime.

At first, he seemed to believe that Primo de Rivera was simply continuing the policies — and the corruption — of what was now referred to as the 'Old Régime'. The Dictator wished to carry on the war in Morocco and to quash the enquiry into responsibilities for the defeat at Annual. In both these enterprises, he had the full backing of the King, who, claimed Unamuno, had allowed the coup to take place so as to be able to set himself up as absolute monarch.[5] Furthermore, Primo de Rivera sought the support of local power bosses, thereby perpetuating the 'caciquismo' which had been such an important cog in the machinery of the Restoration political system ('Niarquinismo'; below, pp. 19-20).

But Unamuno soon came to believe that Primo de Rivera's régime was even more corrupt and authoritarian than the political system it had replaced. Having outlawed all political parties, the Dictator planned to call on a 'select minority' to lead the country ('La minoría selecta'; below, pp. 21-22). Unamuno wondered who would be 'selected' to form part of that minority, and according to what criteria (p. 21). Later, when Primo announced the formation of a National Party, the Unión Patriótica,[6] Unamuno immediately

---

[5] See 'El vice-imperio ibero-africano' (below, p. 60).

[6] On the origins of the Unión Patriótica, see Shlomo Ben-Ami, *Fascism from Above* (Oxford: Clarendon Press, 1983), pp. 126-32.

objected that, in his view, political parties should never be built solely around nationalistic or patriotic considerations (pp. 48 and 51-52). Unamuno was prompt to draw attention to what he saw as the danger signs. Already in *En torno al casticismo* (1895) he had warned of the influence that 'false patriots', or 'casticistas', were having on Spanish public life,[7] and in 1905 he had called attention to a crisis in Spanish patriotism, believing it his duty to fight against 'la tendencia a que eso que se llama la religión del patriotismo asuma formas militares'.[8] He therefore at once categorised Primo de Rivera's Dictatorship as a régime of 'casticismo' (p. 22) presided over by a man who defined his world-view solely in terms of his caste and class. As Unamuno later pointed out in 'Pornocracia y cleptocracia', in the Manifesto which Primo published on the day of his coup, the Dictator had declared himself a champion of 'la moral de los de nuestra profesión y casta' (p. 87).[9]

According to Unamuno's analysis, as represented in various articles reproduced here, this 'casticista' felt duty-bound to disband the old political parties (pp. 48 and 51) because he was an enemy of political dissent and debate (pp. 23-24). He was causing not only the political but the spiritual impoverishment of Spain (p. 48), for without debate there could be no true civic life (p. 24). In 'Casa y casino' and 'Una anécdota más', Unamuno paints a picture of Primo de Rivera's Spain that recalls the 'marasmo actual de España' that he had described in the final chapter of *En torno al casticismo*:[10] the country was becoming a 'casino' full of triviality and frivolity (pp. 24 and 27). But what was worse as far as Unamuno was concerned was that the Dictator had set up a régime of censorship, thereby threatening to halt the free commerce of ideas, as well as removing his own freedom to write and criticise (pp. 54-56). This led Unamuno to claim in 'Niarquinismo': 'en el fondo la crisis moral de España no es crisis de autoridad; es crisis de inteligencia' (p. 20).[11]

---

[7] *Obras completas*, I, 784-87.

[8] 'La crisis actual del patriotismo español', *Nuestro Tiempo*, Madrid, December 1905; in *Obras completas*, I, 1286-98 (p. 1287).

[9] Primo de Rivera's Manifesto is reprinted in Jordi Casassas Ymbert, *La Dictadura de Primo de Rivera (1923-1930). Textos* (Barcelona: Anthropos, 1983), pp. 81-85.

[10] *Obras completas*, I, 856-69.

[11] On Unamuno's reaction to Primo de Rivera's 'régime of censorship', see Victor Ouimette, 'El destierro de Unamuno y el ataque a la inteligencia',

Towards the end of 1923, Unamuno was faced with a dilemma: how could he encourage a more widespread reaction against Primo de Rivera without compromising his own intellectual autonomy? He had already rejected the critic Rivas Cherif's call for him to become the leader of an unofficial opposition movement, asking '¿Qué más se quiere de mí?'[12] However, the clamour for some organised response to the Dictatorship, coupled with his own growing indignation at what was happening in Spain, led him, in January 1924, to give three major speeches in his home town of Bilbao in which he set out to define more clearly his own ideological position. Two of these speeches, 'Un discurso en La Sociedad "El Sitio"' and 'Don M. de Unamuno en el Casino Republicano', are reproduced here; the third, 'Conferencia de Unamuno en el Círculo Socialista', was recently reprinted elsewhere.[13]

Together, these three speeches provide a valuable insight into Unamuno's understanding of Liberalism, Socialism and Republicanism, and of how each ideology can control the excesses and limitations of the others and form the basis of a new and more just régime. As he puts it at the start of the speech delivered in La Sociedad 'El Sitio', he would like to be able to define 'lo que puede ser un liberalismo socialista y republicano, un socialismo liberal y republicano y un republicanismo liberal y socialista' (p. 28).

And yet, as he makes clear in this talk, Unamuno refuses to define Liberalism — and indeed Socialism and Republicanism — in purely ideological terms. Mistrustful, as ever, of *idées reçues* and dogma of any kind,[14] he claims that he can only understand Liberalism in a historical way, that is, in terms of his own lived history and that of his country (pp. 28-29).

Cuadernos de la Cátedra Miguel de Unamuno, 27 (1985), 25-41.

[12] Rivas Cherif's 'Carta abierta a Don Miguel de Unamuno' appeared in *España*, Madrid, 13 October 1923. Unamuno's reply, '¿Qué más se quiere de mí?', was published in *España*, Madrid, 3 November 1923, and is reprinted in Unamuno, *Crónica política española (1915-1923)*, ed. Vicente González Martín (Salamanca: Almar, 1977), pp. 369-72.

[13] In Unamuno, *Política y filosofía*, ed. Diego Núñez and Pedro Ribas (Madrid: Fundación Banco Exterior, 1992), pp. 210-19. This edition also includes a more heavily censored version of 'Un discurso en la Sociedad "El Sitio"' (ibid., pp. 202-10).

[14] Such mistrust can be seen, for example, in Unamuno's early article entitled 'La ideocracia' (1900); in *Obras completas*, I, 954-61.

What ensues is therefore a fascinating history lesson in which Unamuno discusses the role that Liberalism has played in Spain, in the Basque Country and in his own life. He traces the birth of Liberalism to the Reformation, which had given rise to the concept of the individual conscience and had established the principle of free examination which was opposed to 'aquella conciencia colectiva de la Edad Media' (p. 31), the 'conciencia colectiva' which later expressed itself in Carlism, the great enemy of Liberalism in nineteenth-century Spain (pp. 34-36).[15] Owing to its religious roots and the emphasis that it places on the rights and duties of the individual citizen, Unamuno's personal understanding of Liberalism is both spiritual and individualistic in nature.

In the political sphere, Liberalism is not a dogma but rather a 'method': 'es una manera de resolver, de tratar, de criticar las cuestiones; es, sobre todo, un método de libre examen' (p. 39). It can function only when there are political parties which can channel debate and when everyone, each individual citizen, is willing to discuss the issues of the day and participate in the creation of a true 'opinión pública' (p. 40).[16]

In this speech, Unamuno carries out an indirect but scathing attack on the policies of the Dictatorship, which, he implies, are corrupt and fundamentally anti-Liberal. And yet some of his fiercest remarks are reserved for those 'Old Régime' Liberals who had compromised their beliefs during the Restoration period, many of whom have now given their tacit support to Primo de Rivera (pp. 38-39).[17] Elsewhere he adds that the true Liberals during the previous decade had in fact been the Socialists of the Partido Socialista Obrero Español (PSOE).[18] It is for this reason, perhaps, that when he provides in the 'Conferencia de Unamuno en el Círculo

---

[15] In *Paz en la guerra* (1897) Unamuno had already studied the conflict between Carlism and Liberalism in his native Basque Country.

[16] For a discussion of Unamuno's understanding of Liberalism, see Victor Ouimette, 'Unamuno y la tradición liberal española', in *Actas del Congreso Internacional Cincuentenario de Unamuno*, ed. D. Gómez Molleda (Salamanca: Universidad, 1989), pp. 69-80.

[17] Unamuno had already attacked such Liberals in the article 'Sin color ni grito', *El Liberal*, Madrid, 13 December 1923; reprinted in Stephen G. H. Roberts, 'Unamuno contra Primo de Rivera: Diez artículos de 1923-24', *Sistema*, 75 (November 1986), 83-112 (pp. 96-97).

[18] 'Balance de año', *El Socialista*, Madrid, 31 December 1923; reprinted in Roberts, 'Unamuno contra Primo de Rivera', pp. 98-99.

Socialista' a definition of his brand of Socialism, it is couched in exactly the same terms as his definition of Liberalism.

Rejecting the dogmatic Socialists, those who preach the class struggle and are enslaved to the world-view of the Russian Communists,[19] Unamuno praises the 'true' Socialists who, under the guidance of Pablo Iglesias, the Party Secretary, were working peacefully towards the creation of a juster, less corrupt and more Liberal state.[20] Unamuno's Socialism, therefore, just like his Liberalism, has more to do with morality than with doctrines, is a matter of attitude rather than dogma.[21] Both movements are fundamentally concerned with education, with encouraging debate and independent thinking. And Unamuno makes it clear that his own role as a public figure, like that of Pablo Iglesias, is to 'hablar claro', that is, to question and to challenge.[22]

Unamuno is very eloquent in these two speeches as he defines what he believes to be the true nature of Liberalism and Socialism and underlines the educational and spiritual roles these two complementary movements should play. But all this leaves unresolved the question of the most desirable political régime. It is to this matter that he turns his attention in his speech at the Casino Republicano.

In 1923, Unamuno's criticism of the King, Alfonso XIII, had led him to take up an openly Republican stance (see 'Dos dilemas'; below, pp. 13-15). Now, in January 1924, he not only refuses to play up to the expectations of his audience but lambasts the Republicans of the 'Old Régime', who, paradoxically, had willingly taken part in a dynastic system (p. 42). He goes on to say that the question of Head of State is ultimately immaterial; what is important is the system over which the Head of State presides (pp. 44-45). He would soon make a similar point in relation to Great Britain, a constitutional Monarchy whose genuinely democratic

---

[19] 'Conferencia de Unamuno en el Círculo Socialista', in Unamuno, *Política y filosofía*, p. 219.

[20] ibid., pp. 216-19.

[21] ibid., p. 214. In this respect, Unamuno's understanding of Socialism in early 1924 is much as it was in the 1890s. For a study of Unamuno's early Socialist views, see Elías Díaz, *Revisión de Unamuno* (Madrid: Tecnos, 1968), pp. 84-97, and John Butt, 'Unamuno's Socialism: A Reappraisal', in *Re-reading Unamuno*, pp. 1-17.

[22] 'Conferencia de Unamuno en el Círculo Socialista', in Unamuno, *Política y filosofía*, p. 218.

institutions, as he regarded them, had allowed the Labour Party to take power.[23] We can see therefore that Unamuno is in reality a reluctant Republican, a fact that is borne out by many of the articles that he would later write during the Second Spanish Republic (1931-36).[24]

Unamuno's interest in this speech and elsewhere at this time lies in the definition of the ideal political system. In 'Nada de Partido Nacional', he categorically states that politics cannot take place without the existence of political parties (below, pp. 51-52). In his speech in the Casino Republicano he adds that a country cannot be ruled fairly without a Constitution which enshrines the rights and duties of each citizen (p. 46). With the parties and the Constitution in place, the next essential element is universal participation in lively debates on matters of national importance. With such a system, he adds, the Government of a nation can be controlled by the political parties within the Parliament, which in turn are answerable to public opinion (p. 45).

Unamuno here provides a response to the crisis that is taking place in Spanish politics and to the philosophy of Primo de Rivera's régime, and also gives the clearest outline of his own political credo. At a time when parliamentary democracy has been interrupted and he feels duty-bound to define a new vision of politics, a new and juster political régime, he shows that he is by no means a revolutionary: his understanding of Liberalism is very much that of a nineteenth-century intellectual; his Republicanism is at best lukewarm; and his Socialism has been shorn of all radicalism. What he is advocating is a return to a sanitised version of the 'Old Régime', that is, a régime of public opinion and true parliamentary democracy. His own role — which he feels is being threatened by Primo de Rivera's 'casticismo' and censorship — is that of an independent, extra-parliamentary former of national consciousness.

The ideas that Unamuno put forward in these speeches and in the articles that he published at this time may not be revolutionary but, in Primo de

---

[23] See the article 'El triunfo del laborismo', *El Socialista*, Madrid, 13 February 1924; reprinted in Roberts, 'Unamuno contra Primo de Rivera', pp. 103-04.

[24] See, for example, 'República española y España republicana', *El Sol*, Madrid, 16 July 1931; reprinted in Unamuno, *República española y España republicana*, ed. Vicente González Martín (Salamanca: Almar, 1979), pp. 96-98.

Rivera's eyes, they were certainly inflammatory. A little over a month after Unamuno had given his Bilbao talks, the Dictator banished him to the island of Fuerteventura. In the "Nota oficiosa" announcing the measure, Primo de Rivera stated:

no se puede tolerar que un catedrático, ausentándose de su cátedra y fuera de su misión, se dedique a una propaganda de ideas disolventes y a desacreditar de continuo a los representantes del Poder público y al propio soberano.[25]

There has been much debate on the exact reasons why the Dictator should choose to exile Unamuno. The most commonly held view is that he objected to a letter Unamuno had sent to Américo Castro, and which was published in the Argentinian journal *Nosotros*, in which the writer insulted the King and the Dictator.[26] But, in an interview which scholars have ignored given to *El Liberal* (Bilbao) on the day after the exile order had been proclaimed, Unamuno himself attempted to explain Primo's measure:

es posible que sea debido a la campaña periodística que hago en el extranjero, acaso a la carta que dirigí a Américo Castro, o es probable que sea motivado por mi discurso en Bilbao.[27]

In reality, Unamuno's banishment was probably due to the cumulative effect of the long campaign that he had waged against the Dictatorship. By exiling him, Primo de Rivera was paying indirect homage to the growing influence that Unamuno was having on certain sectors of society. Unamuno's words reveal his own belief that the ideas he had put forward in his Bilbao speeches were particularly worrying for Primo, a view that concords with the Dictator's claim that Unamuno had, 'ausentándose de su cátedra', been involved in spreading 'propaganda de ideas disolventes'. They also open up the possibility that the reason for Unamuno's exile may lie buried

[25] Reprinted in *El Liberal*, Bilbao, 21 February 1924.
[26] 'Un grito del corazón: Hermosas palabras de un hombre libre', *Nosotros*, Buenos Aires, December 1923; in *Obras completas*, IX, 1181-82.
[27] *El Liberal*, Bilbao, 22 February 1924.

somewhere in the pages of 'Un discurso en la Sociedad "El Sitio"' or 'Don M. de Unamuno en el Casino Republicano'.[28]

'El tiempo que estamos viviendo pide concreción, pide personalización' (p. 22). This is how Unamuno had concluded one of the articles that he wrote shortly before the publication of the order decreeing his banishment. And these words are perfectly apposite when summing up the content and style of most of the political writings that he would produce while in exile (1924-1930).

However, during his time on the island of Fuerteventura (March-July 1924), Unamuno continued to publish articles in the Spanish press and the threat of censorship led him to write in an indirect and often allegorical manner. This can be seen in 'Vagancia mental' (below, pp. 57-58), where a description of the procedures of the Spanish Inquisition turns into an only slightly veiled indictment of Primo de Rivera's suppression of free speech and the Dictator's régime of stupidity.[29] Then, on his arrival in Paris in July 1924, the French newspaper *Le Quotidien* — which had helped to organise Unamuno's escape from Fuerteventura — attempted to manipulate him into producing an organised response to the situation in Spain.[30]

---

[28] If this is so, the most subversive thing that Unamuno says in the three Bilbao speeches seems to be the remark he makes in 'Un discurso en la Sociedad "El Sitio"' to the effect that Spain is presently in the throes of a civil war (p. 34). This passage was suppressed by the censors when the speech was republished in *El Socialista*, Madrid, on 9 January 1924.

[29] Unamuno often complained of the 'stupidity' of Primo de Rivera and his régime. On this point, see Stephen G. H. Roberts, 'Unamuno en el exilio y su lucha contra la tontería', in *Actas del Congreso Internacional Cincuentenario de Unamuno*, pp. 591-94.

[30] In some of the articles he wrote for *Le Quotidien*, Unamuno seems to feel some sort of pressure to explain and justify his opposition to Primo de Rivera and Alfonso XIII. See especially 'La Situation est grave en Espagne', *Le Quotidien*, Paris, 14 August 1924; reprinted in David Robertson, 'Una guerra de palabras. Primo de Rivera y Unamuno en *Le Quotidien*', *Cahiers du CRIAR*, 5 (1985), 107-21 (pp. 113-14). For an account of Unamuno's escape from Fuerteventura, see Emilio Salcedo, *Vida de don Miguel* (Salamanca: Anaya, 1964), pp. 259-62.

Unamuno would have none of this and swiftly distanced himself from the newspaper, an action which was soon followed by his decision not to continue publishing in the Spanish press.[31] Soon after, though, he was invited to collaborate on *España con Honra*, the anti-Dictatorship publication set up in Paris by the novelist Blasco Ibáñez. This he did, although unfortunately only one of the articles that he wrote for this publication has come down to us.[32]

When he left Paris for Hendaye in August 1925, *España con Honra* had all but closed down. Unamuno continued to publish some articles in Argentinian journals and newspapers, but mainly on personal rather than political subjects.[33] Then, in 1927, Eduardo Ortega y Gasset, the brother of the philosopher and a former contributor to *España con Honra*, started editing a new clandestine magazine in Bayonne. It was called *Hojas Libres* and its nineteen issues appeared monthly between April 1927 and January 1929. Unamuno published at least one article in each edition, twenty-three in all, six of which — including the articles from the first and last editions — are reprinted here.[34]

Being a clandestine publication, *Hojas Libres* provided Unamuno with complete freedom of expression, and he took full advantage. But what one does not find here is any ideological discussion, not even of the idiosyncratic kind in his Bilbao speeches of January 1924. He completely rejects such an approach to political matters, writing at the start of 'De nuevo lo de las responsabilidades' that 'no hemos de caer en la inocentada de ponernos a hacer sociología o doctrinarismo político' (p. 72).[35] His aim is rather to

---

[31] Unamuno writes of this decision in *Cómo se hace una novela*; in *Obras completas*, VIII, 709-69 (p. 737).

[32] 'No cabe elevar el tono' appeared in *España con Honra*, Paris, Year 2, No. 27 (27 June 1925). It is reprinted in Victor Ouimette, 'Unamuno, Blasco Ibáñez and *España con Honra*', *Bulletin of Hispanic Studies*, 53 (1976), 315-22 (pp. 320-21).

[33] These articles are to be found in *Obras completas*, VIII, 645-706.

[34] The remaining seventeen articles are to be found in Eduardo Comín Colomer, *Unamuno, libelista* (Madrid: Colección Siglo Ilustrado, 1968), pp. 93-162.

[35] He had made the same point in 'No cabe elevar el tono' (see above, p. xviii, n. 32).

engage Primo de Rivera and Alfonso XIII in a verbal duel; 'concreción y personalización' is what Unamuno provides in these articles.

The concrete matters that he deals with over and over are, not surprisingly, the history of Primo de Rivera's coming to power, the role that Alfonso XIII played in the coup d'état and the running of the régime, and the developments in the Moroccan War. In 'El vice-imperio ibero-africano', he runs through the previous four years of Spanish history and makes explicit certain beliefs that he could not have published in Spain: that the King had deliberately attempted to undermine the powers of the democratically elected governments before September 1923 and had then given his full support to Primo de Rivera because he wished to set himself up as absolute Monarch and, by continuing the war in Morocco, convert Spain once more into an imperial power (p. 59). He repeats these claims in 'De nuevo lo de las responsabilidades' (below, pp. 72-80), where he adds that the coup d'état had taken place because of the Army's and the King's fear of the enquiry into the responsibilities for Annual and the general running of the Moroccan War.

In '¡Vuelta a la Asamblea!', Unamuno broaches another, more pressing matter. In September 1927, Primo de Rivera had set up an Asamblea Consultiva, made up of politicians and 'respectable' citizens who would debate matters of national import and take part in the drawing up of a new Constitution.[36] The Dictator's aim was to create the illusion that his régime permitted the existence of free speech and a genuine public opinion. Unamuno immediately recognised this as a threat to his own personal position, since these were precisely the principles that he himself was fighting for. He feared that such a step would bring about the perpetuation of Primo's régime and therefore prevent his ever being able to return to his country with honour.[37] As a result, he undertakes here to lambast the Assembly and all those — especially the former 'Old Régime' politicians — who had agreed to serve in it (pp. 65-67).

His insightful reading of the developments in Spain can also be seen in another article, 'De nuevo lo de las responsabilidades'. Unamuno was well

---

[36] For a description of the setting up and running of the Asamblea Consultiva (or Asamblea Nacional), see Ben-Ami, *Fascism from Above*, pp. 210-39.

[37] On this point, see also '¿Borrón y cuenta nueva?', *Hojas Libres*, Bayonne, Year 1, No. 4, 1 July 1927; in Comín Colomer, *Unamuno, libelista*, pp. 110-13.

aware of the divisions that had started to appear in the Armed Forces from mid 1926 onwards.[38] Here, he deliberately attempts to turn the disaffected sections of the Army against the régime that they had helped to bring into being. He does so by outlining a whole series of policies which, he believes, should outrage the sense of honour of all decent soldiers (pp. 72-76).[39] These include the way in which Primo de Rivera had whitewashed the responsibilities campaign and had conducted the War in Morocco, allowing the King to retain his influence over military affairs.

Unamuno's main weapon, however, in these articles is, without doubt, personality politics or 'personalización'. One finds him throughout exposing and attacking what he claims to be the lack of shame and the immorality of Spain's leaders, especially Alfonso XIII, Primo de Rivera and General Martínez Anido, the Minister of the Interior. He refers to the hypocrisy of the King, who has steadfastly attempted to hide his support of Primo's policies (pp. 59-63), to the violent and vicious behaviour of Martínez Anido (pp. 60, 70 and 80), and to the injustice of Primo de Rivera, who, he claims in 'Pornocracia y cleptocracia' (pp. 84-88), has attempted to line his own pockets by, amongst other things, fining opponents of the régime.[40]

As he outlines such indignities, Unamuno often seems unable to control himself, and at one moment, as he addresses himself directly to the Army and adopts what he perhaps thinks is the language of the barrack-room, he writes the most violent and coarse pages of his whole career (pp. 77-80). He justifies such anger and invective, however, by claiming that his honour as a Spaniard, the honour of the Army and of Spain herself have been dragged through the mire (p. 80). He has no choice but to talk of such things in such a way, since he has a duty to tell the people of Spain the unofficial history of their country, the one that they would not be hearing about in the Spanish press. He plays the role of chronicler and commentator and also, at times,

---

[38] Many senior figures in the Army were unhappy with Primo's plans to set up the Asamblea Nacional and thereby shift power from the military to civilians. Furthermore, the Artillery corps rejected Primo de Rivera's imposition on 9 June 1926 of promotion by merit (rather than seniority) on the whole Army (see Ben-Ami, *Fascism from Above*, pp. 356-64).

[39] Unamuno had already attempted to address the Armed Forces directly in 'Hablemos al ejército', *Hojas Libres*, Bayonne, Year 1, No. 3, 1 June 1927; in Comín Colomer, *Unamuno, libelista*, pp. 104-06.

[40] Some of the claims that Unamuno makes in these articles refer to such private matters that it has been impossible to establish their source.

that of national prophet. The impression that one gets from all these articles is that Unamuno sees himself as the conscience of Spain, that he will not forgive and forget the crimes that have been committed but will return one day personally to ensure that justice is done.

He strikes a similar note in the articles he wrote for the Parisian journal *Monde*. This intellectual magazine had been set up in June 1928 by Henri Barbusse, who had invited Unamuno, along with other luminaries such as Einstein, Gorki and Upton Sinclair, to form part of the 'Comité directeur'. This was almost the first time since 1924 that Unamuno had been given intellectual recognition in France, and he duly wrote a number of articles for the magazine, starting with a reply to a survey on proletarian literature.[41]

In another article, 'Contre le fascisme' (pp. 92-94), Unamuno deals openly with political matters, but even here, in this international intellectual publication, he refuses to make doctrinaire or ideological statements. Rather, after claiming that he does not know the meaning of the word 'fascism' (p. 92), he goes on, as in his *Hojas Libres* articles, simply to list examples of the outrages committed by the military régime in Spain.

Unamuno is yet again attempting to show the world that he is unconcerned with political dogma and with producing a coherent ideological response to the régime which had sent him into exile. He could perhaps be criticised for this and for other aspects of his political stance: his refusal to become the leader of an organised opposition to Primo de Rivera; his unwillingness to affiliate himself with a specific political movement or party; his lack of radical or revolutionary ideas. But this would be to misunderstand Unamuno's notion of political activity and his views on what constituted his public role. He saw himself as an educator and a moralist, who was preoccupied with the way in which politics and political choices affect the spiritual health of individuals and of the nations they make up. His role is to comment and to judge; he is a writer who provides information and encourages other people to make up their minds, all the time guiding them as they form their opinions.

And this is the point that he makes in the final article in this selection, 'Conoceos los unos a los otros', which first appeared, in French translation, in *Monde*. Spain and the world must strive to attain true spiritual and

---

[41] 'Littérature prolétarienne', *Monde*, Paris, 8 September 1928. The original Spanish version of this article appeared in *Amauta*, Lima, October 1928; reprinted in *Obras completas*, IX, 1207-09.

intellectual openness, for by debating and getting to know one another nations and individuals can achieve self-knowledge and also spiritual health. This need for a 'free commerce of ideas', which he also refers to in 'L'Avenir de l'Europe' (p. 4) and in 'Mientras pasa la tormenta' (p. 12), and which is reminiscent of much that he had said in *En torno al casticismo*,[42] lies at the very heart of Unamuno's liberal faith and of his philosophical and political outlook. As he puts it when defining his own personal understanding of Liberalism in 'Un discurso en la Sociedad "El Sitio"':

> no se puede comerciar libremente en productos de manufactura sin comerciar también libremente en ideas y en sentimientos. No es posible tener relaciones con las gentes de otras creencias, de otro régimen político, sin tener una amplitud, una cierta amplitud también de espíritu. (p. 32)

This is what Unamuno was fighting for during the Dictatorship of Primo de Rivera. He uses the only weapon that he knows, the word, in order to break the awful silence that had overtaken his country and to create a wellspring of outrage and opposition to the Dictatorship. He sums up his position in 'Pornocracia y cleptocracia', where he writes: 'seguí pronunciándome de tal modo que se vieron precisados a deportarme para conseguir que, callándome yo, se callaran los demás' (p. 87). And Unamuno's voice did have a role to play in Primo de Rivera's downfall in January 1930, and perhaps even in Alfonso XIII's abdication the following year. Throughout his exile, he remained a guide for the intellectuals and the students of his country, the sector of society which Primo never managed to win over to his régime.[43] Then, on his return to Spain in February 1930, he was fêted as a hero and a patriot as he proclaimed his new motto, 'Dios, Patria, Ley'.[44] It would not be very long, however, before he started attacking the mistakes and excesses of another régime, this time the Second Spanish Republic of 1931-1936.

---

[42] See above all the closing pages of the final chapter, 'Sobre el marasmo actual de España'; in *Obras completas*, I, 865-69.

[43] On this point, see Shlomo Ben-Ami, *The Origins of the Second Republic in Spain* (Oxford: University Press, 1978), pp. 36-44, and Genoveva García Queipo de Llano, *Los intelectuales y la Dictadura de Primo de Rivera* (Madrid: Alianza, 1988), pp. 223-33.

[44] 'Entrevista con Unamuno', *El Sol*, Madrid, 11 February 1930.

EDITORIAL CRITERIA

These speeches and articles have been faithfully transcribed from the newspapers in which they first appeared. Punctuation has occasionally been changed in the interests of greater clarity and only where the change does not affect the meaning of the original.

POLITICAL SPEECHES
AND JOURNALISM
(1923–1929)

1
L'AVENIR DE L'EUROPE (LE POINT DE VUE D'UN ESPAGNOL)

Demander quel sera l'avenir de l'Europe revient à demander quel est son présent, et, comme le présent n'est que l'effort du passé pour se transformer en avenir, nous en arrivons à demander ce qu'est le passé, et nous poser, par conséquent, l'éternel problème de l'Histoire.

Pour ma part, je ne puis voir l'avenir de l'Europe, c'est-à-dire son moment historique actuel, que du point de vue de l'Espagne, et encore plus exactement de mon Espagne, où je vis, par qui je vis et pour qui je vis. Et mon jugement, trop personnel peut-être, découlera plutôt du sentiment que de la raison. La raison, en effet, est ce qui est collectif et le sentiment ce qui est individuel. Au sens commun, organe de la raison, s'oppose non pas le sens, mais le sentiment propre. Ce qui est logique, c'est l'orthodoxie, et l'orthodoxie est collective et communiste; ce qui est intuitif et sentimental, c'est l'hérésie, et l'hérésie est individuelle et anarchiste. Le moyen âge, auquel nous semblons retourner sous tant d'aspects en ce *ricorso* de l'Histoire, a été l'âge des hérésies, tandis qu'à la Renaissance, la logique a mené les peuples à l'orthodoxie de la Réforme, à l'élaboration de nouveaux dogmes. C'est alors que surgit le dogmatisme de nouveaux symboles de foi. Le luthéranisme, le calvinisme, etc., sont, plutôt que des hérésies, des hétérodoxies. L'hérésie pure se voit beaucoup plus au moyen âge, même au sein de l'unité liturgique de l'Église catholique, apostolique, romaine. Car ce qui est essentiel dans l'hérésie, c'est le mysticisme, tandis que le rationalisme protestant est le contraire du mysticisme.

Au XIXième siècle, le mouvement logique le plus puissant, mouvement de raison raisonnante, dogmatique et orthodoxe, fut celui de Karl Marx et de son socialisme *scientifique* avec sa conception matérialiste, c'est-à-dire déterministe de l'Histoire, mouvement né de la pensée du dernier grand scolastique, je veux dire Hegel. Marx met la valeur des choses au-dessus de la valeur des hommes, comme si les hommes n'étaient pas des choses, c'est-à-dire des causes; et il prophétise la constitution sociale que doit amener l'évolution économique. C'est une prophétie qui ne semble pas en voie de confirmation.

Car Marx, appliquant à l'étude de l'évolution économique la dialectique hégélienne –en même temps que le sentimentalisme hébraïque– l'a étudiée surtout sous son aspect industriel ou de production, en négligeant ou en lui surbordonnant l'aspect commercial ou de distribution. Marx voulut rendre la forme de distribution une conséquence de la forme de production. Il déterminait la valeur d'un article par son coût de fabrication. Par exemple, nous ne payons pas pour un objet, soit 5, parce qu'il a coûté 5 à faire, mais c'est précisément parce qu'il y a quelqu'un pour payer 5 qu'il y a aussi quelqu'un qui le fait. Et tout ceci, qui est élémentaire, nous explique l'échec des tentatives pratiques d'organisation socialiste de la production sur la base du marxisme: elles prennent la forme de coopératives de production et elles se brisent contre les lois inéluctables du commerce. Car il n'est pas difficile de créer une industrie à base communale; ce qui est difficile, c'est de procéder en commun à l'acquisition des matières premières et à la vente des produits. Le commerce est anti-socialiste. Un peuple organisé sur la base socialiste est un peuple capitaliste par rapport aux autres peuples. Et, s'il est possible de maintenir un socialisme national, le socialisme international est une contradiction. Entre deux peuples qui doivent échanger leurs produits, qui ont des rapports commerciaux, la coopération industrielle est presque impossible. C'est pourquoi les socialistes internationalistes les plus caractérisés deviennent, le cas échéant, protectionnistes pour leur propre pays. Si cela n'était pas trop éloigné de mon sujet, je m'étendrais ici, afin de prouver que c'est le capitalisme bourgeois, commercial, celui des banquiers, et non le socialisme industrialiste, qui peut fonder un jour l'Internationale. Les communistes sont toujours nationalistes.

La grande guerre qui a éclaté en 1914 était d'inspiration socialiste, nationale, allemande et commerciale à la fois. Il fallait s'ouvrir de nouveaux marchés et il fallait tuer la concurrence commerciale à coups de canon puisque le *dumping* n'était pas suffisant. Les socialistes allemands, les socialistes de l'Internationale marxiste se sont mis au service de la grande entreprise commerciale et guerrière sous la firme 'Germania & Cie'. Un peuple voulait dominer et organiser les autres peuples, et il a succombé dans sa tâche. L'unité spirituelle de l'Europe a été brisée et le commerce des idées et des sentiments a été suspendu; or, la ruine du commerce des idées entraîne celle de leur production. Car dans la sphère des idées et des sentiments, comme dans celle des produits matériels, la production est déterminée par l'échange, par le commerce. Un peuple qui n'échange pas avec les autres ses pensées finit par ne plus penser du tout.

Le bolchévisme russe, qu'on nous présente comme la dernière conséquence logique, c'est-à-dire collective, du socialisme marxiste, est un mouvement nettement national, particulier, moscovite. Sa fameuse Troisième Internationale, l'Internationale de Moscou, n'a pu s'universaliser. Et le bolchévisme échoue dans l'ordre du commerce, du commerce international. Toute son organisation industrielle communiste doit se soumettre, afin de pouvoir subsister, aux procédés profondément individualistes du commerce. Le directeur technique d'une industrie, l'ingénieur, peut être un fonctionnaire public, mais le grand administrateur, le gérant commercial, finira toujours par devenir un homme de gouvernement et un capitaliste.

Les peuples organisés pour la guerre, pour l'hégémonie, ont toujours été enclins à constituer une économie politique fermée, à se suffire à eux-mêmes, à former un empire protectionniste, quoique, grâce à leurs colonies, sous les apparences du libre échange. S'ils ont fini par succomber spirituellement, c'est surtout à cause de ce régime d'économie fermée, car nul peuple ne peut se nourrir lui-même.

Il a été question des crises de production et, aussitôt après la fin de la guerre, le bruit a couru que l'Europe était en proie à une vague de paresse, de fatigue. C'était plutôt une crise de l'échange, et la vague était de nationalisme étroit et même de xénophobie. C'était aussi une crise de démocratie et une crise d'individualisme.

Les peuples impérialistes comme la Russie des Soviets, tendent à exécrer la démocratie, et cela au nom de l''oclocratie', de l'empire de la masse. Ils exaltent l'intérêt du plus grand nombre aux dépens de la justice, de la valeur de finalité de l'individu. Et c'est précisément sur cette valeur de finalité que se fonde la démocratie, puisque le *démos* a pour but l'individu.

Dans la vieille formule de la justice *suum cuique tribuere,* donner à chacun ce qui lui appartient, l'essentiel c'est *quisque,* chacun *—cuique—,* la reconnaissance de l'individualité. Et ce qui est individuel est ce qui est universel: ce n'est pas ce qui est de la majorité, mais ce qui est de chacun qui est à tous.

La logique oppose les jugements universels aux jugements particuliers, mais assimile aux universels les individuels. Le fait concret individuel est un axiome.

La secousse tragique de la guerre, en surexcitant le particularisme des masses nationales, des producteurs immédiats de richesse, semble avoir mis en danger la majesté de l'individualité humaine, que représentent les esprits désireux d'échanger des idées et des sentiments. Et cependant l'on voit poindre, comme à l'époque du romantisme, le culte du héros, qui est dans l'ordre spirituel le grand agent de change, le banquier des idées et des sentiments. Dans toute l'Europe, on sent un napoléonisme qui cherche son Napoléon.

Ce sont les bolchévistes ou plutôt les idolâtres de Lénine, qui, ainsi que nous l'avons vu en Espagne, s'enthousiasmaient hier pour Lénine, aujourd'hui pour Mustapha Kémal,[1] demain pour Mussolini. Ils cherchent leur héros, leur idole. Car l'homme sent la nécessité d'adorer l'homme, c'est-à-dire de s'adorer lui-même, projeté hors de lui-même –et ce n'est pas le tyran qui a fait l'esclave, mais l'esclave qui a fait le tyran. Il faut substituer à la phrase *homo homini lupus,* la phrase *homo homini agnus.* L'homme sent la nécessité d'être commandé par l'homme, et ce sentiment de dépendance primitive, mystique, qui, d'après Schleiermacher, a produit la religion,[2] est précisément le sentiment qui nous a donné la perception de la divinité. Or, par la divinité, nous arrivons à Dieu, comme je l'ai prouvé dans mon ouvrage *Le Sentiment tragique de la vie.* La découverte de la divinité nous sert à découvrir Dieu, et non Dieu la divinité.

Donc, en définitive, en cette Europe agitée dans les profondeurs de son être comme par un tremblement de terre spirituel, s'élève à nouveau la faim d'humanité, c'est-à-dire la faim de divinité, le besoin de restaurer le sentiment de la valeur infinie de l'individu, de l'Homme, du Moi. Tout ceci ne pourra être satisfait qu'en substituant à la productivité barbare, que nous pourrions appeler industrielle, de la pensée et du sentiment collectif, l'échange, le commerce des idées éternelles et surtout celui des éternelles préoccupations religeuses.

C'est dans la Hollande commerçante du XVIIième siècle que Spinoza a renouvelé commercialement les problèmes éternels de la divinité de la pensée humaine, et c'est dans une cité à traditions commerçantes, Koenigsberg, que Kant s'est consacré au commerce des idées, pour en devenir le grand banquier. Et c'est de même dans la Florence commerçante, plus qu'industrielle, du XIIIième siècle que Dante a découvert la divinité de la Comédie humaine ou l'humanité de la Comédie divine. Et qu'on me pardonne ce 'conceptisme' à l'espagnole.

La Société des Nations devra être une association commerciale

---

[1] Mustapha Kemal (Kemal Atatürk) (1881-1938); founder and first President of the Republic of Turkey (1923-1938).

[2] Friedrich Schleiermacher (1768-1834); German Protestant theologian, known as the 'father of modern theology'. Unamuno probably knew Schleiermacher's *Über die Religion* (1799), and he had a copy of the *Monologen* (1800) in his library (M. J. Valdés and M. E. de Valdés, *An Unamuno Source Book* (Toronto: University Press, 1973), p. 224).

spirituelle et non pas une coopérative de production. Elle manquera d'une base ferme tant que les peuples ne renonceront pas aux systèmes économiques fermés, et à tout ce qu'on appelle se suffire à soi-même. Ce qui est équivalent à renoncer à toute suprématie, à toute hégémonie. Et à toutes ces folies qui ont nom supériorité des races. Notamment lorsque ce pseudo-concept de race est pris en son sens physiologique ou naturaliste au lieu du sens psychique ou historique. Car, dans son sens historique, une race est une valeur spirituelle toujours en formation, toujours *in fieri*, toujours face à l'avenir, et incarnée non pas dans les peuples mais dans des individus représentatifs.[3] Le tout, grâce au commerce universel des idées et des sentiments. Car la race d'un peuple est incarnée dans l'individu qui fait, par ce peuple et pour ce peuple, le commerce des idées universelles et éternelles. Mahomet était un commerçant et ce n'est qu'un commerçant ambulant qu'il faut voir aussi dans Saint Paul.

Il est possible d'observer, aujourd'hui, à travers toute l'Europe, un état de pessimisme, de désespoir. Il est question, avec Spengler et d'autres encore, du crépuscule de la civilisation occidentale, *das Untergang des Abendlandes*. Quelque chose d'analogue à la croyance à la fin du monde qui avait accompagné les origines du christianisme ou le millenium. C'est que commence à sombrer la croyance au Paradis terrestre futur qu'avait fait naître le socialisme. On a perdu l'espoir en la rédemption du prolétariat ici-bas. Et on finira par donner à cette rédemption un sens religieux, transcendant, comme d'une valeur rejetée à un avenir éternel, à l'idéalité toujours présente, en dehors du temps.

De même que le christianisme avait rêvé le Paradis terrestre au commencement de l'histoire —la chute légendaire d'Adam et d'Ève est la découverte de la science du bien et du mal et, avec cette découverte ou péché originel, le commencement du progrès, c'est-à-dire de l'histoire— et de même que Rousseau avait rêvé le Contrat social au début de la civilisation, en mettant au commencement ce qui doit être à la fin, dans une fin idéale, de même nous apprendrons encore à mettre dans une fin dernière, dans une fin idéale, l'affirmation de l'humanité individualisée.

Ce qui nous importe, la seule chose qui nous importe, c'est la valeur infinie et éternelle de l'âme humaine individuelle, de l'âme de chacun de

---

[3] Unamuno was later to complain that Primo de Rivera set himself up as the quintessential Spaniard. In Poem 1 of *De Fuerteventura a París* (1925), he says of the Dictator: 'una tarde pensó Don Juan Tenorio / divertirse en hacer de Don Quijote' (*Obras completas*, VI, 675).

nous. C'est-à-dire le problème éternel de l'immortalité de l'âme humaine, qui est le problème de la divinité et le problème de Dieu. Car Dieu n'est pas la Cause première, mais la finalité dernière de l'univers.

Cette agonie spirituelle de l'Europe, cette agonie spirituelle de la civilisation occidentale chrétienne, –et agonie veut dire lutte– n'est peut-être que l'agonie d'un accouchement religieux. Et partant d'une période surtout industrielle, où les hommes vivaient sous la domination de la nature qu'ils s'efforçaient de dominer à leur tour, nous allons passer à une période plus commerciale, où nous vivrons surtout dans l'histoire. L'appauvrissement général nous y aidera.

Ce pessimisme qui oppresse l'Europe va probablement engendrer de nouvelles et plus fécondes illusions religieuses, une nouvelle foi. Car toute foi naît du désespoir, et cette foi nouvelle –qui ne sera que la vieille foi– née du désespoir nous donnera une nouvelle norme de conduite, une nouvelle éthique, une nouvelle religion. Nouvelle? Non. Ce sera la religion de toujours, celle de la divinité de ce qui est humain. Ce sera la religion de la valeur infinie et éternelle de l'homme individuel, de l'Homme. Et sur cette base, l'idéal de justice fondé sur la reconnaissance du *quisque*, du chacun. La guerre civile déchaînée en France par l'affaire Dreyfus a eu beaucoup plus de majesté, une portée beaucoup plus grande, que la guerre défensive contre l'impérialisme germanique. Si cette guerre civile-là n'avait pas éclaté, il aurait été impossible d'arriver à l'union sacrée pour l'autre guerre. Cette guerre civile-là avait enseigné à la France la discipline intérieure, celle qui, dans les démocraties, naît du sentiment de la justice, de cette idée qu'on ne doit pas sacrifier une seule âme, un seul honneur individuel, à la sécurité matérielle d'un peuple. N'oublions pas que le Christ a été crucifié comme anti-patriote afin que les Romains ne pussent détruire la nation juive, et parce qu'il était bon qu'un homme mourût pour le peuple et non qu'une nation pût se perdre (Jean XI, 47 à 50).

Une Renaissance religieuse, et plus exactement chrétienne, peut encore sauver, en la transformant, la civilisation européenne occidentale. Ce serait plutôt une Renaissance religieuse évangélique, car l'Évangile contient en puissance des religions qui sont ce que toute l'histoire a nommé le christianisme. Il est possible que Dostoiewski ait été, comme on l'a déjà dit, le Saint Paul d'un nouvel évangélisme. Saint Augustin, l'Africain, a latinisé le christianisme helléno-syrien en l'universalisant de nouveau. Qui sait si, en le rendant slave, Dostoiewski ne lui aura pas donné une nouvelle sève universelle.

Notre Calderón de la Barca, l'Espagnol, en prenant un thème oriental, hindou, l'accentue dans *La Vie est un songe;* et Shakespeare dit que nous sommes faits de l'étoffe des songes: *we are made of such stuff as dreams are made of.* Et la foi consiste à savoir se résigner au songe en sachant que c'est bien un songe, à se résigner à la vie, ce qui revient à se résigner à la mort. Mais il est possible que l'univers humain, en tant que songe de l'homme, ne soit qu'un songe de Dieu. Dieu ne ferait alors que nous rêver. L'Histoire, du moins, est la pensée de Dieu sur la terre des hommes. Et il faut faire que Dieu rêve. Il faut le créer et lui donner la vie, car ce n'est qu'ainsi que nous vivons en lui et que nous sommes des songes divins. Notre immortalité, et avec elle notre félicité, dépendent de ce qu'Il se souvienne de nous en ses rêves alors que nous serons disparus de ce monde.

Il est possible que l'on trouve absurde que je termine ainsi, sur une conclusion à la fois mystique et mythique, ces considérations quelque peu vagabondes et incohérentes sur l'avenir, c'est-à-dire sur le présent ultime de l'Europe, mais toute vision définie est nécessairement mystique et mythique. La science de l'avenir, si elle existe, c'est la mythologie. Le genre humain persiste, il se lance à l'avenir, il vit dans les lendemains, grâce à son pouvoir de se créer des mythes mystiques. Autrement, il se suiciderait.

Le lecteur qui désirerait voir développer ces pensées les trouvera dans mon ouvrage plus haut cité: *Le Sentiment tragique de la vie*, et surtout dans la conclusion de mon ouvrage: *Don Quichotte dans la tragicomédie contemporaine.* Cet ouvrage a paru en espagnol en 1912 et, depuis la grande guerre, je n'ai pu que me confirmer dans ses idées centrales. Je ne voudrais ajouter que ceci:

Si Don Quichotte qui, étant fou, s'en alla défendre tant de vauriens, avait vécu deux ans de plus après avoir repris sa raison, il se serait vu assailli par tous les fous affligés de la manie de la persécution, qui accourraient vers lui pour chercher son appui. Une hystérie collective secoue les peuples européens, et il n'y en a guère qui ne se croient la victime de la haine des autres. Les peuples vivent, se haïssant les uns les autres, et se haïssant chacun soi-même. Mais lorsque cette haine deviendra de la pitié, de la pitié réciproque naîtra l'amour fraternel.

2
MIENTRAS PASA LA TORMENTA: NO HAY PEOR CACIQUISMO QUE EL QUE SE REVISTE DE APARIENCIAS DE LEGALIDAD

Mientras pasa la tormenta de nuestra guerrilla,[1] bueno es volver la vista a lo que más de cerca nos rodea y fijarla en esta vida social cotidiana de los que viven y penan y esperan por debajo de la historia y sustentándola. Que si estas montañas que me cercan y ciñen a mi espíritu para que tenga que buscar salida hacia el cielo son símbolo viviente —y ¡vaya si viven!— de la permanencia, no lo es menos esta comunidad de hombres de Tudanca —la Tablanca de Pereda[2]— que discurre hacia la eternidad con el mismo rumor manso que hacia el mar discurre el río Nansa.

El río, cuyo torrente se quiebra entre cudones que bajaron de los riscos, corre por el fondo de la barranca que separa a este poblado del de la Lastra, tocante a la carretera. El camino que separa y une ambos barrios es pedregoso y escarpado, por él corre a trechos un arroyo. El año de la gripe[3] un fuerte aguaducho se llevó el puente, que ha sido sustituido por otro provisional o interino —un tronco tendido entre rústicos machones— por los vecinos de Tudanca. Mas no sin que el alcalde del Municipio, vecino de la Lastra y forastero de origen, denunciara a Obras Públicas la prestación. Alcalde que, a la vez, se opone a que el Municipio haga el puente y que hizo que el distinguido insignificante garciprietista Sr. Garnica,[4] diputado por el distrito, se opusiera, con apariencias de legalidad burocrática, a que el Estado reparase la injusticia del alcalde. Que no hay peor caciquismo que el que se reviste de apariencias de legalidad.

---

[1] Unamuno is referring to the Spanish campaigns in Morocco which had started in the mid-nineteenth century but had intensified after 1909 and, above all, 1914. They were to continue until the French and the Spanish finally 'pacified' the country in 1927.

[2] José María de Pereda (1833-1906) used the fictional setting of Tablanca in *Peñas arriba* (1895).

[3] Between 1918 and 1919, the so-called Spanish influenza killed at least one million people throughout the world.

[4] 'Garciprietista': a supporter of Manuel García Prieto, who was the Liberal Prime Minister of Spain between December 1922 and September 1923.

¿Y por qué lo del alcalde? Porque siendo mercader —mercader de borde de carretera— no le conviene que puedan llegar fácilmente las mercaderías a este apartado barrio. Estorbábale su negocio cuando la Cooperativa del Sindicato Católico las traía. Y éste es un espejo de la vida intra-histórica de nuestros pueblos y una muestra de lo que sigue pasando mientras la tormenta pasa.

¿Revolverse contra ello? Para estos rudos montañeses que están quién sabe si más acá o más allá de distinciones como la que hay entre servidumbre y revolución y aun entre paz y guerra; para estos rudos montañeses que sueñan lo que ven y lo que trabajan, agarrados como eternos niños a las rocosas tetas de la Tierra y ordeñándolas en dura brega, el alcalde y el distinguido insignificante político de menor cuantía Sr. Garnica y el Gobierno todo —éste y el de ayer y el de mañana— son, como la epizootia[5] y la sequía, y el nublado y los aguaduchos y los lobos, un accidente fatídico que hay que soportar con resignación más pagana que cristiana.

Y otro accidente así es la guerrilla de Marruecos. Tal vez se le oye a uno maldecir de ella; pero será alguno que lee u oye leer papeles o a señores. Callan los que han estado sirviendo al reino y a la empresa bélica en Africa, y parece como si al volver al regazo del valle nativo se hubiesen olvidado de cuanto allí vieron. Si es que vieron algo allí. Son tan mansos como los bueyes que llevan a las altas praderías. Y sin embargo...

Larra, en su conceptuoso ensayo 'El hombre globo', llamó al campesino el hombre-tierra —al de la clase que llamamos, no se sabe por qué, media, le llamó hombre-líquido—, y comparó las sacudidas de la aldeanería a los temblores de la tierra, así como las de la burguesía a inundaciones o cataclismos. (En griego *catástrofe* es revolución y *cataclismo* inundación.) Pero Larra no se percató de que los terremotos suelen ser mucho menos extensos, aunque sean más intensos, que las grandes inundaciones. Y es que el agua se solidariza más que la tierra.

Aquí, en estas montañas, no es de esperar o temer una revolución agraria, que ni hay foros ni cosa que se le parezca mucho. Lo que hay aquí, en Tudanca, es propiedad inmueble comunal, el prado del Concejo, del que por suertes disfrutan todos los vecinos. Y esa comunidad en el disfrute de esos pastos les da un sentido de comunión espiritual, ya que su espíritu es fundamentalmente económico. Pero económico en el más alto y puro sentido, y no en el exclusivamente materialista. Su religión misma es una

---

[5] 'Epizootia': a bovine epidemic.

economía del sueño de ultratumba. La vida colectiva, social depende de esa comunión en el prado del Concejo. En él comulgan socialmente. A un buen tudanco le arraiga a su lugar esa comunidad, que le procura, además, las querellas y disputas sin las cuales sería imposible la vida civil.

Ayer veía a unos vecinos guiar las 'basnas' –una especie de narrias o tableros con que se arrastra, sendero pedregoso abajo, el heno segado– con hierva [*sic*] para el ganado de otro vecino que, postrado en la cama –de vuelta del servicio del reino en que se le ha dado por inútil o inválido–, no puede dirigir por sí mismo este trabajo.

Pero dejo para otro día contaros, mientras la tormenta pasa, la comunión civil, allá en la cumbre del prado del Concejo, de estos hombres de la tierra permanente.

EL LIBERAL, Madrid, 9 September 1923

3
DOS DILEMAS

Los abogados de la empresa del reino en Marruecos, de la antinacional conquista dinástica del Rif, empiezan a impacientarse. Contaban, sin duda, con la indefinida mansedumbre de un pueblo al que se le quiere gobernar con engaños. Hay que notar en las palabras y en los escritos de esos abogados la irritación que les produce la resistencia que oponemos muchos a que se nos quiera engañar. Acuden al tópico del patriotismo –para los belicosos dinásticos lo más patriótico es el engaño–, y quieren atribuir nuestra posición a bajos móviles de índole puramente individual. 'Piensa el ladrón que todos son de su condición' dice el refrán.

Y en tanto sigue el régimen de anarquía constitucional.[1] Quién haya leído la referencia que ha publicado la prensa respecto a los documentos que se dice envió el general M. Anido --el presunto vengador del general F. Silvestre y ambos un ánimo– a la Comisión de Responsabilidades, habrá recibido, como nosotros, la impresión de que el mando se ha desmandado en Marruecos, de que los supuestos técnicos de la guerra se empeñan en llevar ésta sin atender a la dirección política del Gobierno. Todo hace creer que la acción de Tizzi-Assa se llevó contra la voluntad del Gobierno, lo mismo que la guerra toda, guerra dinástica, se lleva contra la voluntad de la nación. El pobre Silvela –en quien acaba en punta su linaje– es prisionero de su gabinete militar; es más bien un pobre polichinela con que juegan los anarquistas que le rodean.[2]

---

[1] Unamuno wrote this article during the final days of García Prieto's Liberal Concentration Government (December 1922-September 1923). On 13 September 1923, General Primo de Rivera's coup d'état would bring to an end the so-called Restoration political system (set up in 1876).

[2] The state of affairs in the Moroccan War referred to in this paragraph may be summarised as follows. General Silvestre had led the ill-fated campaign to take Alhucemas and had been killed, along with many of his soldiers, at the battle of Annual in July 1921. A Commission was set up later that year to investigate the responsibilities for the Annual debacle. General Martínez Anido — who was later to be Primo de Rivera's Minister of the Interior — was at this time (mid 1923) drawing up an 'offensive plan' for the conquest of Morocco, while the Army was involved in campaigns, at Tizzi-Assa and elsewhere, to retake Alhucemas. Luis Silvela was the

A este pobre Gobierno, el más cobarde, el más desconcertado, el más
absurdo que cabe hoy, le han puesto en el dilema de o conquistar Alhucemas
o abandonar la empresa, y eso porque saben que un Gobierno de Su
Majestad no puede abandonar la empresa. Y así se ve que hasta el ministro
de Estado, el de la República coronada, tiene que recoger las prendas que
soltó y se limita a que el ministro de Trabajo proteste por fórmula por él. Ya
se habrá convencido el señor Alba, el de la República coronada, de que el
dilema de 'o Alhucemas o el abandono' se reduce a este otro dilema: 'o
República o Corona'. Y que eso de República coronada, como aquello otro
de Romanones de la Monarquía íntegramente democrática, es un camelo tan
grande como el del protectorado civil.[3]

¡Monarquía íntegramente democrática! No puede ser, señor conde, sino
aquélla que se pliega y sirve en cada caso a la voluntad nacional, aquélla
que se somete a la soberanía nacional, y la evidente voluntad de la nación
es hoy en España que se acabe esa guerra injusta.

Injusta, sí. Hemos de estar repitiéndolo hasta la saciedad: injusta. Injusto
el pretender proteger a los moros cuando los moros no quieren ser
protegidos por el reino de España; injusto pretender sacar parte del injusto
reparto de Marruecos que han acordado las potencias occidentales. Y más
injusto aún seguir una guerra no más que para que se vea que podemos
someter a los moros, para demostrar nuestra superioridad en fuerza sobre
ellos.

Porque de todas las sinrazones que se dan para proseguir la antinacional
empresa guerrera, la menos racional es la de que no podemos aparecer
impotentes ante un puñado de moros. Sin querer ver que a ellos les da
fuerza el sentimiento de la razón que les asiste, y a nuestro ejército le hace
débil la convicción en los más de los que lo componen, y sobre todo en
aquellos que no hacen profesión de las armas, en los soldados, de la sinrazón
y la injusticia de la causa por la que se les quiere hacer pelear.

---

civilian Spanish High Commissioner in Morocco.

[3] Santiago Alba, a Liberal Reformist, was the Minister for Foreign
Affairs in García Prieto's Government. The Conde de Romanones was a
Liberal politician and ex-leader of the dynastic Liberal Party (1912-1917).
A few months after writing this article, Unamuno seems to warm to the idea
of a 'República coronada'. See 'El triunfo del laborismo', *El Socialista*,
Madrid, 13 January 1924; in Roberts, 'Unamuno contra Primo de Rivera',
pp. 103-04.

El dilema 'o Alhucemas o el abandono' se reduce a este otro: 'o pertinacia dinástica o soberanía nacional'. Y éste a este otro: 'o absolutismo o democracia'. Y que se nos deje el señor Alba de Repúblicas coronadas.

EL SOCIALISTA, Madrid, 10 September 1923

4
REPUBLICA Y CORONA
El deber del ministro de la razón de Estado es republicanizar la Corona

El actual ministro de Estado[1] –o, mejor, ministro de la razón de Estado–, pero no por eso de la nación, jefe de una llamada izquierda dinástica, preconizó en un tiempo la República coronada. Y ahora parece que trata de coronar a la República, a la *res publica*, a la nación; pero con la corona de espinas, y de espinas envenenadas, de una guerra injusta.

Cuando el patriótico negocio del rescate de los prisioneros de Annual, que con tanta energía como cautela llevó adelante el ministro de Estado, ayudado del republicano Sr. Echevarrieta –el que no quiso aceptar del Reino una corona de marqués–, creímos que aquello sería el prólogo de la paz con los cabecillas de Alhucemas.[2] Pero nos equivocamos. Por lo visto nos hacía falta más corona.

Ahora, hace poco, al indultar la Corona a los que habían de tener que ejecutar la sentencia de muerte dictada contra el cabo Sánchez Barroso[3] – pues no tanto éste cuanto aquellos sus compañeros de armas forzadas fueron los indultados–, creímos de nuevo que se llegaría a la paz entre la República del Rif y la de España. Pero hemos visto que ésta es menos independiente que aquélla y que el Reino se obstina en la desatinada empresa de imponer por la fuerza lo que no cabe forzar: la protección. Y sigue coronándonos a los sufridos españoles.

El ministro de Estado, que dice no ser hombre de teorías sino de prácticas y de acomodos, a lo que los cucos y los cobardes llaman el imperio de las circunstancias, hablará de compromisos internacionales. Y le repetiremos que internacionales, no; que la nación no se ha comprometido a nada, y que ni aun los Tratados publicados, los que todos conocemos, obligan al Reino a imponer por la fuerza el protectorado. Y no digamos lo

---

[1] Santiago Alba. See p. 14, n. 3.
[2] In February 1923, Santiago Alba had secured the release of the Spanish soldiers taken prisoner after the defeat at Annual (July 1921). Horacio Echevarrieta, a Basque millionaire, had acted as an unofficial peace mediator between the Spanish and the Moroccans.
[3] In August 1923, Corporal Sánchez Barroso had led a mutiny in Málaga to prevent the embarkation of conscripts to Morocco.

de vengar el ultraje; que éste no puede ser compromiso de la nación, que en nada ha sido ultrajada, como no sea por los Gobiernos de su Majestad.

Todo esto, en sus más bajos fondos, procede de la ambigua actitud que observó nuestro Reino durante la gran guerra de las naciones contra los imperios, de aquella neutralidad –que no lo fue– que a los 'Gobiernos idóneos' les sirvió –como dice muy bien el señor marqués de Villaurrutia en su tan instructivo *Fernando VII, rey constitucional*– 'de hoja de parra para encubrir flácidas y averiadas vergüenzas'. Y entonces, el actual ministro de la razón de Estado, que a pesar de lo de la República coronada no es hombre de teorías, se estuvo embozado y sin dejar transparentar opinión alguna decidida. Es ahora cuando parece que se le despierta un imperialismo fajista, y hasta se diría que busca el consejo de Mussolini.

El ministro de la razón de Estado, con sus claudicaciones, con someterse a eso que llaman el imperio de las circunstancias, trata, no de coronar la república, comunidad española, sino acaso de descoronarla. Y esto acaso contra su voluntad.

Si hay quien se empeña en hacer depender su suerte del coronamiento de la empresa protectora del Rif, el ministro de la razón de Estado debe hacerle entender que por razón de Estado se concedió el suplicatorio para que el Consejo Supremo de Guerra y Marina procesara al general Berenguer; que por razón de Estado no procedió como era su deber, luego de la rebeldía del general F. Silvestre, el suicida y suicidador del Reino.[4] El deber del ministro de la razón de Estado es republicanizar la Corona, y no coronar la República. Y eso no se hace haciendo que un secuaz se oponga en los Consejos a absurdas empresas, para luego ir a manejar la Hacienda pública al servicio de ellas.

Si los ministros de la razón de Estado, que lo son todos los que están en el Consejo de la Corona, creen que con la conducta que están siguiendo y con las notas camelísticas en que trataban de cohonestarla evitan lo ya inevitable, se equivocan. Ni la traducción del fajismo sirve. No está España para un Mussolini.[5]

---

[4] Unamuno is again referring to the investigations into the responsibilities for the defeat at Annual; see above, p. 13, n. 2. General Berenguer had been the Spanish High Commissioner in Morocco (1920-1922). He would later replace Primo de Rivera as Dictator of Spain (1930-1931).

[5] This article was published just one day before General Primo de Rivera's coup d'état.

Tampoco basta indultar a los que hubieran tenido que ejecutar la sentencia contra el cabo Sánchez Barroso; hay que indultar a todos los soldados de Africa. ¿Indultarlos? No; absolverlos. Que sirvan a la Patria, a la nación. Y la nación no quiere la guerra.

EL LIBERAL, Madrid, 12 September 1923

5
NIARQUINISMO

Niarquín —preferimos escribirlo así, a no *niar-kin*, como lo hemos visto, pues la k nos es una letra antipática--, *niarquín* es una bonita palabra japonesa. Niarquín es un término del juego de ajedrez japonés, y corresponde a lo que entre nuestros jugadores es el peón que llegando a una de las últimas casillas del campo enemigo logra la función y el juego de reina o dama. Y los japoneses designaron con ese nombre, el del peón de ajedrez que llega a reina, a los allí llamados *nuevos ricos*, a los que improvisaron una fortuna con los beneficios extraordinarios que les procuró la guerra.

Pero a nosotros nos place proponer el bonito término japonés de niarquín, no para los hace aún poco tiempo llamados nuevos ricos —muchos de los cuales son ya pobres de nuevo—, sino para los caciques de pasado mañana, para los que dentro de algún tiempo, cuando pase esta ventolera de cernido, serán los nuevos caciques, los caciques que han de sustituir a los derrocados. Porque aunque se descuaje ahora de España el caciquismo —lo que dudamos mucho que a pesar de toda voluntad se logre—, no se le desarraigará. No hay decreto que llegue a las raíces del caciquismo.

Y el caciquismo de pasado mañana, del régimen normal que sustituya a esta interinidad, el niarquinismo --llamémoslo así— está ya germinando.

Sabemos de alguna región en que los grandes terratenientes, los latifundiarios, los que se sirvieron del antiguo caciquismo, que era un instrumento a su servicio, están excitando a sus colonos y montaraces, a sus servidores, a que se armen entrando en el Somatén.[1] Y es de creer que traten de formar, a base de éste, un nuevo caciquismo.

Porque cualquiera que conozca algo la vida de nuestros campos, no caerá en la inocencia de suponer que se organice, si es que se organiza, el Somatén en éstos para destruir el caciquismo, sino todo lo contrario: para restaurarlo y corroborarlo.

---

[1] Originally, the Somatenes were Catalan militia forces set up to combat Napoleon's troops during the French occupation of Spain (1808-1813). By the early twentieth century, they had evolved into volunteer bourgeois militia groups fighting against revolutionary activism in Barcelona. Primo de Rivera relied on their support for his coup d'état in September 1923, and thereafter endeavoured to turn them into a national volunteer militia.

En las ciudades, en estas ciudades de Castilla, es difícil que prenda el Somatén, institución que carece de tradición y cuya utilidad no ven los más, ya que creen que con la Guardia Civil y la de Seguridad está más que garantido el orden. Y es difícil encontrar cuarenta ciudadanos que se decidan a desfilar en un día dado ante cuatrocientos que les miran curiosos y sonrientes. Ésta es la verdad del hecho. Pero en el campo es otra cosa. Sabemos de algún pueblecillo rural en que los ricos se resisten a armarse, para no provocar la enemiga de los pobres. En muchos lugares no hay más división política que la de pobres y ricos. Los pobres ni son sindicalistas ni son nada en tal sentido; pero no pueden ver con buenos ojos que sus amos se armen. Creen, y con razón, que la fuerza armada no debe estar al servicio de una clase, y que es injusto que se armen los amos y sus criados, dejando inermes a los asalariados libres.

No; el caciquismo no se desarraiga con tales procedimientos, por buena intención que se ponga en ello. Se sustituye a un caciquismo con otro. Y nos tememos mucho que el futuro caciquismo, el que surja cuando haya pasado esta situación de fuerza, el niarquinismo, será mucho peor que el pasado. Será menos inteligente, y cuidado, que el pasado −¿pasado?− lo era bien poco. Las mismas fuerzas sociales, la misma clase plutocrática, que se servía del caciquismo de ayer, se servirá del niarquinismo. Y si los caciques a que se trata de escardar ahora necesitaban valerse de mañas y astucias, ejercitando el ingenio para conservar su favor, los caciques de pasado mañana, los niarquines, no necesitarán sino apoyarse en la fuerza. Y la guerra civil, siempre latente en nuestros pueblos, adquirirá unos caracteres peores que los que tenía.

Y es que en el fondo la crisis moral de España no es crisis de autoridad; es crisis de inteligencia. De lo que hay que redimir a nuestro pueblo es de su espíritu de servidumbre. Y esto sólo se cura con libertad, única garantía de justicia y de cultura.

EL LIBERAL, Madrid, 7 November 1923

6
LA MINORIA SELECTA

¿Qué nuevo camelo es ése de las 'minorías selectas' o 'seleccionadas'?[1] Aunque nuevo, no, sino viejo, muy viejo. Es la cantinela de los que fracasan sin haber luchado, de los ex futuros fracasados; ¡la minoría selecta! Y, ante todo, ¿quién la 'selige' o selecciona? ¿El pueblo? El pueblo, no, ¡horror!; el pueblo no entiende a los 'selegidos'. El pueblo hace a sus directores a su imagen y semejanza, y los de la minoría selecta no están a imagen y semejanza del pueblo. El pueblo no les comprende, y encima dice que son ellos, los de la minoría selecta, los que no le comprenden a él, al pueblo.

Convendría saber qué lazo de unión, o mejor, qué cemento une entre sí a los miembros consagrados de la minoría selecta; cómo forman minoría y no un montón suelto de individualidades aisladas; en virtud de qué y por qué y aun para qué dicen, dándose las manos: 'Nosotros formamos la minoría selecta; nosotros somos nosotros; es a nosotros, como colectividad, a quien hay que oír'.

¿Quién los selecciona? —repetimos. ¿Qué poder? ¿Cuál es el poder o el órgano seleccionador? Esto es lo que hay que saber. Y ver luego en qué supere ese poder al pueblo, si es que le supera en algo, y cuál es su poder discriminativo.

Una vez hubo en España un puñado de hombres escogidos, liberales de verdad, que trataron de incorporar a su patria a la marcha de los pueblos europeos. Fue en la segunda mitad del siglo XVIII. Aquellos hombres fueron el conde de Aranda, el de Floridablanca, Campomanes, D. Manuel de Roda y otros que sirvieron leal y honradamente a su patria bajo el reinado glorioso de Carlos III. ¿Los escogió éste? ¡En rigor, no! Se los dio a España el espíritu de Europa, que estaba gestando la gran revolución francesa.

¿Quién seleccionó a aquel sagaz y tozudo D. José Molino, luego conde de Floridablanca, el que trabajó al Sumo Pontífice para que suprimiera la

---

[1] Unamuno is reacting to the Régime's plan to set up a National Party. One group within the Régime — the 'Catholic Propagandists' under Angel Herrera — favoured the idea that the Party should be made up of 'directing minorities' (see S. Ben-Ami, *Fascism from Above* (Oxford: Clarendon Press, 1983), pp. 130-31). In the end, Primo de Rivera resisted such an idea and, in April 1924, set up the more widely based Unión Patriótica.

Compañía de los jesuitas, que ya Carlos III proscribió de sus dominios? ¿Quién seleccionó a aquellos hombres que hicieron cuanto supieron y pudieron por que su patria saliese del ramplón empantanamiento en que la tenía sumido el principio de 'eso no me lo preguntéis a mí, que soy ignorante'? Entonces se empezó a ver algo de luz en España. Si no hubiera sido por aquellos hombres, los de la Compañía y acólitos habrían tratado de hacer de nuestro pueblo una Reducción guaraní, de donde habría estado proscrito el culto al Sagrado Seso, a Santa Sofía.

Y aquellos hombres hablaban en español, y en español muy puro, muy neto y muy de la tierra, no en español de traducción. Y aquellos hombres no desconfiaron del pueblo.

¿Qué parte tuvo en la selección de aquel puñado de hombres el pobre Carlos III, criado en Nápoles? A Carlos III, más que a otro cualquiera, se le puede aplicar la frase del gran historiador Michelet al final de su *Historia de Francia*, cuando, refiriéndose a Luis XVI, el hijo de María Josefa de Sajonia, decía: 'El rey es el extranjero'. Carlos III, el hijo de Felipe V, era el extranjero, como lo fue su padre. Porque la extranjería se hereda. Pero en el caso de nuestro Carlos III, su extranjería nos fue un beneficio. Peor, mucho peor que hubiese sido un castizo, como su nieto. Sin que esto quiera decir que la casticidad quite la extranjería, pues en más de un respecto Fernando VII, el que se postró a los pies de Napoleón y se arrastró ante ellos, fue más extranjero que su abuelo. Lo que no quitaba que dijese que amaba a España. Sí; pero como a una propiedad. También Otelo amaba a Desdémona, y por eso la quería para él solo. Amores que matan.

Y ahora bien; esa sedicente y supuesta minoría selecta, ¿sabe Historia? Historia, ¿eh?: historia y no sociología u otro camelo por el estilo; historia e historia de nuestra España, de la nuestra, no de Numancia, ni de Tartego, ni de la Cueva de Altamira. Porque aquí lo que necesitamos no es un Platón, sino un Tucídides. Y en otro respecto, acaso más un Cleón que un Sócrates —ambos calumniados, ambos ridiculizados por Aristófanes.

Y en esa sagrada cofradía de los veinticuatro --o el número que sean–, ¿cómo se entra? ¿Cuál es la contraseña? ¿Cuál la consigna? Y sobre todo, ¿quién los selecciona? ¿Quién los reúne? ¿Quién los llama? ¿Quién los consagra? Sepámoslo, porque todo lo demás es andarse por las nubes platónicas. El tiempo que estamos viviendo pide concreción, pide personalización. Lo demás es obstinarse en no ver claro para que no se le vea a uno.

7
CASA Y CASINO

Hablaban del régimen íntimo a que puede verse sometida, más pronto o más tarde, nuestra España. No de lo que ahora se llama régimen, ¡no! No de eso a que se le llama el nuevo régimen y que tampoco es lo que antes se llamaba así; pues en la pluma de Pi y Margall, por ejemplo, nuevo régimen quería decir otra cosa.[1] El régimen íntimo es algo así como lo que Cánovas del Castillo llamó 'Constitución interna', para distinguirla de la otra, de la Constitución oficial y externa.[2] Hablaban del régimen íntimo a que puede ir a parar nuestro pueblo. Unos veían un peligro en que España se convirtiese en una gran sacristía, no en un templo; en una sala fría y triste de reunión de cofradías. Otros temían que se convirtiese en un aula, no en un salón de libres discusiones. Otros recelaban que venga a convertirse, no en un vasto campo de batalla —de batalla civil—, sino en un cuartel, entregados los españoles a servicios mecánicos y a exterioridades de ordenanza. Cada cual exponía su punto de vista.

Entonces el hombre tomó la palabra y dijo: 'Yo no sé, amigos míos, en cuál de esos regímenes íntimos que habéis señalado iremos a caer —porque todos ellos son caída— o si en algún otro. Pero sí os digo que hay algo peor, mucho peor que el régimen de sacristía, de cuartel o de aula, y es el régimen de casino. Y así como ni la sacristía es templo, ni el cuartel campo de batalla, ni el aula es academia ni ateneo, así tampoco el casino es ágora o foro de libres debates populares. El héroe del ágora llegó a ser en Atenas Cleón, el demagogo; pero fue mucho peor, mucho más fatal para su patria aquel Alcibíades, prototipo del señorito casinero, del héroe de peña. De peña de señoritos y de señoritos de peña. Y tendría para mí que Alcibíades es el precursor pagano de nuestro Don Juan Tenorio, si no fuese porque ésta, la de Don Juan, es una figura de origen específicamente cristiano'.

---

[1] Francisco Pi y Margall (1824-1901); Catalan intellectual and one of the Presidents of the First Spanish Republic (1873). In 1890 he founded *El nuevo régimen*, a political journal which attacked Spanish colonialism and championed federalism and democracy.

[2] Antonio Cánovas del Castillo (1828-1897); Conservative leader and architect of the Restoration political system (1875-1923).

El hombre hablaba como un libro; como un libro vivo que se ha tardado siglos en escribirlo. El hombre sabía que en España hay, junto a la concepción casera, doméstica, familiar de la vida y de la Historia, una concepción casinera que no es civil, que no es popular; el hombre sabía que los españoles suelen pasar de la casa al casino, y sabía lo que el terrible casino significa en nuestra menguada vida pública.

Y no se crea que el hombre era lo que se llama así en el juego del tresillo, el que dice '¡Juego!', señala palo y se compromete a hacer más bazas que cualquiera de los otros. De donde en francés se le llama al tresillo *jeu de l'hombre*, juego del hombre, habiendo tomado nuestra palabra *hombre*, así como han tomado otras, entre ellas *siesta, junta, guerrilla, camarilla, pronunciamiento*, etc., etc. No; nuestro hombre no era el que dice '¡Juego!' y señala palo; no era tresillista y casinero, y menos señorito; nuestro hombre era un hombre de dolor a quien podía aplicársele lo que dijo el Fausto de Lenau:[3] 'El amor de la verdad es mi dolor'.

Tenía razón el hombre. Lo terrible sería que la enorme muchedumbre, que el rebaño de los hombres de su casa, caseros, resignados, neutrales, dormidos, se viera llevado por los hombres de casino, por los de '¡Juego!' y '¡Paso!', por los que creen que la justicia se resuelve con votación por bolas negras y blancas y tienen un honor de lance. El honor de lance es, ¡claro!, el de los lances de honor.

Nuestro hombre tenía razón. Ni a la sacristía, ni al aula, ni al cuartel hay que temerles mucho, porque de ellos se pasa al templo, al campo de batalla, a la academia o ateneo; a lo que hay que temerle es al casino, vivero de frivolidad y de vanidad y de peliculería; al casino con su justicia de bolas blancas y negras y su honor de lance. El enemigo de la vida civil en España es el casino, es la peña. Y si hace falta un ismo para caracterizar su producto inespiritual, ese producto es el señoritismo.

Piensen bien los que tratan de constituirse en minoría selecta — autoselecta o 'seselecta'— si el peligro no está en el casino, si no es el terrible escollo de la ineducación casinera el que tenemos que bordear.

EL LIBERAL, Madrid, 9 December 1923

---

[3] Nikolaus Lenau (1802-1850); Austrian writer whose narrative poem *Faust* appeared in 1836.

8
UNA ANECDOTA MAS

Vamos a contar una pequeña anécdota, al parecer insignificante; pero que, como todas las anécdotas, por pequeñas que nos parezcan, tiene su fondo categórico. Y más en nuestra actual vida española, de una trágica frivolidad, de una tragedia frívola, cuajada de anécdotas categóricas y de categorías anecdóticas. Y basta de conceptismos baratos, y vamos al caso.

Cuando recientemente tuve que ir a Valencia a que se me juzgara y absolviera de un supuesto delito —el de delatar la servilidad de ciertos funcionarios—,[1] al pasar por la corte y tenerme que trasladar de la estación de las Delicias a la de Atocha, pretendió un cochero abusar de la prisa que yo llevaba para cobrarme como a siete; y fui asistido por un guardia de Orden público, que me indicó otro vehículo más barato. El que trataba de abusar intentó una protesta, y el guardia replicó: 'Eso cuénteselo al alcalde'. '¡Vamos! —me dije—. Efectos del que llaman nuevo régimen'. A pesar de lo cual, no me rendí a sus encantos anecdóticos, ni se me ocurrió confundir la ordenanza con el orden.

De vuelta de Valencia, y absuelto ya, por esta vez al menos, llegué a esta villa y corte con una hora de retraso, a las ocho de la noche, y tenía que trasladarme de la estación de Atocha a la Residencia de Estudiantes, junto al Hipódromo. Requerí un coche y le dije al cochero: '¡Al Hipódromo!' Y como me preguntara: '¿Al Lipódromo mismo?' —y anoté en mi cartera esta captación del artículo—, le repliqué: 'Al cuartel de la Guardia civil, que está allí cerca'. Lo hizo —te lo aseguro, lector— sin diplomacia ni duplicidad alguna. Desde el cuartel ese es ya cosa de un minuto subir a la Residencia. No sé qué se figuraría el bueno del cochero qué soy yo al decirle que me llevase, no al 'Lipódromo' mismo, sino a un cuartel de la Guardia civil; ello es que me llevó con bastante diligencia, hasta dejarme a la puerta misma del

---

[1] Unamuno was brought to trial in Valencia in early December 1923 for alleged insults to the magistracy which are perhaps found in the article 'No hay que calumniar', where he wrote: 'Es indecoroso que unos cuantos vividores [...] muestren ahora [...] ese celo [...] no en denunciar pecados de los políticos, sino en inventarlos, faltando a la verdad' (*El Liberal*, Madrid, 25 October 1923). According to Salcedo, Unamuno was absolved of all charges because the Judge was a childhood friend (*Vida de don Miguel*, pp. 250-51).

cuartel. No debió percatarse de que los guardias que estaban a la puerta no me saludaron; pero ello es que, al preguntarle cuánto le debía, me contestó que lo que yo quisiese; insistí en mi pregunta e insistió en dejar el precio a mi arbitrio, hasta que a mi tercer requerimiento señaló una suma que me pareció moderada, por lo que aumenté la propina que pensaba darle. Y entonces volví a acordarme de que vivimos, según dicen, bajo un nuevo régimen y volví a no rendirme a la confusión entre orden y ordenanza.

Ello es, repito, una anécdota, nada más que una anécdota; pero me ha hecho fijarme en ella —en otra ocasión o en otra parte habríame pasado inadvertido— el ámbito anecdótico del Madrid de ahora. En todo tiempo ha pecado la villa y corte de las Españas —y no me refiero a la oficial y la otra, ni a la del llamado antiguo régimen y a ésta—, en todo tiempo Madrid pecó de anecdotismo; pero ahora más que nunca. Parece que una bruma invisible de frivolidad se cierne sobre la capital toda y no deja ver claro cosa alguna. Esa bruma viene de lo alto —lo que no quiere decir del cielo—; pero salió, no río de aguas corrientes, de caudal vivo, sino de charcas empantanadas. O de peñas, que es lo mismo.

Las peñas o charcas son ciertos centros sin circunferencia, donde se cultiva la anécdota, donde se juzga por anécdotas y se cultiva el colmo y el camelo. El camelo anticonceptista, ¡claro!, porque los conceptos no están a la bajura de las peñas.

Si me hubiera encontrado en un ámbito social y moral agitado por hondas preocupaciones, removido por nobles y fuertes pasiones, fecundado por ideales generosos, donde los ciudadanos debatieron [sic] vitales problemas de comunidad civil, entonces no habría reparado en una pequeñísima ocurrencia sin apenas alcance; pero es que me he sentido contagiado de la pavorosa mezquindad que se pone en el quicio de lo que pasó y de lo que pasa, y hasta de lo que ni pasó ni pasa. Cuando oigo hacer cábalas sobre supuestas próximas futuras combinaciones que no deben importar a nadie, me pongo a cavilar sobre el estado de ánimo del cochero del 'Lipódromo'.

Hace seis meses todavía oíamos alguna vez discutir algo verdaderamente importante, algo duradero de la política, algo fundamental; hace seis meses agitaba a lo mejor de la comunidad civil española un problema concreto de justicia, inaplazable;[2] pero ahora hemos caído en el más baldío anecdotismo casinero. Entonces parecía que nos preparábamos a la caza de la fiera

---

[2] A reference to the debate on the Army's and the King's responsibilities over the defeat at Annual. See p. 13, n. 2 and p. 17, n. 4.

corrupta; ahora se entretienen muchos con las peripecias de la caza de codornices. La cuestión es pasar el rato y hacer que hacemos.

No estaría ahora de más aquí decir algo de la atolondrada ligereza con que hablan muchos del patriotismo, considerándolo, al parecer, como un menester de sueldo, como un oficio; pero esto nos llevaría a otros aspectos de la reinante frivolidad peñera y señoritil. Dejémoslo para otra ocasión.

EL LIBERAL, Madrid, 16 December 1923

28

9
UN DISCURSO EN LA SOCIEDAD 'EL SITIO' DE BILBAO[1]

Señoras y señores, amigos y consocios: vuelvo otra vez a dirigiros la palabra desde esta tribuna, mi primera tribuna pública.[2] La primera vez que he dirigido la palabra a un público fue aquí, en esta Sociedad de 'El Sitio'; y esta Sociedad de 'El Sitio' puede decirse que fue mi primer hogar civil dentro del hogar de la Villa. Aquí fue donde maduré largamente las enseñanzas de la Historia, no sólo leída: de la Historia vivida durante los años de mi infancia, preñada de recuerdos.

Se me ha invitado, al mismo tiempo que a hablar en esta mi antigua casa, a hablar en el Círculo Socialista y en el Círculo Republicano. De buena gana hubiera hecho una sola cosa para los tres, y explicar lo que puede ser un liberalismo socialista y republicano, un socialismo liberal y republicano y un republicanismo liberal y socialista, y en qué respectos estas cosas pueden concordarse y en qué respectos pueden diferenciarse. Pero puesto que esto no es posible, y si tengo tiempo y ánimos, que creo que sí, podré hablar en los otros dos sitios.

Quiero ahora explicaros lo que para mí, durante mi vida, no ya muy corta, significa el liberalismo. No es lo que os voy a decir nada doctrinalmente abstracto; es más bien algo histórico. Y me vais a permitir que la mayor parte del tiempo la emplee en desarrollos históricos. Porque la política es Historia, y la Historia tampoco es, fundamentalmente, más que política. Puede decirse que en la Historia lo que en una u otra forma no es política, es arqueología; es algo muerto. La Historia viva es otra cosa; es

---

[1] This speech was first published in *El Liberal* (Bilbao) on 6 January 1924 and then republished in *El Socialista* (Madrid) on 9 January 1924. It was censored in both newspapers, but much more heavily in the latter. Those sections which were censored in both papers are indicated by square brackets [...], while those which were censored only in *El Socialista* are indicated by angled brackets <...>.

[2] Unamuno had read part of his doctoral thesis ('Espíritu de la raza vasca') to La Sociedad 'El Sitio' on 3 January 1887 (Salcedo, *Vida de don Miguel*, p. 49). He also gave talks there on several occasions from the 1890s onwards; see, for example, 'La conciencia liberal y española de Bilbao', delivered on 5 September 1908; in *Obras completas*, IX, 232-45.

el esfuerzo constante del pasado por hacerse porvenir, de la tradición por hacerse progreso o por hacerse utopía.

Oí este nombre de liberal, cuando por primera vez lo oí, opuesto a un nombre muy concreto: al nombre de carlista; y lo oí en mi propio hogar. Y sonaba ese liberalismo doméstico con un cierto son que podríamos llamar religioso; iba unido a una cierta modalidad de sentir, de entender y hasta de practicar la religión aparentemente común a unos y a otros: a liberales y a no liberales. Llevaba consigo una cierta nota de sobriedad en ciertas manifestaciones puramente aparienciales, litúrgicas, o que yo diría supersticiosas. Llevaba también aquel liberalismo una nota puritana, casi cuáquera, y cuando yo más tarde me percaté de aquella manera de sentir la religión común, la de la Iglesia oficial española, con un cierto tono, con una cierta modalidad, como os digo, puritana y cuáquera, comprendí, desde luego, qué había en el fondo del liberalismo, y cómo el liberalismo político era un hijo de la Reforma.

Y ahora vamos a hacer una breve excursión sobre esto. Poco después del bombardeo que pasé en esta Villa y que todavía tengo mucho más presente que las cosas de ayer[3] (me figuro que se me olvidará difícilmente el día 2 de mayo de 1874); <se me olvidará inmediatamente el 13 de septiembre del año pasado>[4] [...]); recuerdo que a raíz de aquello oí a un viejo liberal de aquellos <sementales>, de aquellos sin doctrina, casi sin programa: 'Aunque todos los bilbaínos "bilbaínos" se hagan carlistas, Bilbao seguirá siendo liberal'. Este hombre sentía como el liberalismo va unido a la Historia, al desarrollo, a la significación de la vida mercantil del Nervión.

Eran las postrimerías de la Edad Media cuando iba pasando gran parte de España, y esta tierra nuestra sobre todo, de un antiguo régimen social y económico a otro régimen moderno. Iba agonizando aquello que podríamos llamar una concepción rural, en otro sentido pagana, de aquellos aldeanos que estaban encerrados en sus caseríos, colocados cada uno de ellos en el centro de la tierra que labraban. Esto era dominio con hogar central, pues podían hasta cierto punto bastarse a sí mismos. Eran unos pequeños Robinsones; cultivaban las tierras, mantenían sus ganados, algunas veces recogían lino que hilaban en sus propias casas, se vestían, se arreglaban sus carros.

---

[3] Unamuno often recalled this experience. See, for example, Chapter 15 of *Recuerdos de niñez y de mocedad* (1908); in *Obras completas*, VIII, 129-30.

[4] The date of Primo de Rivera's coup d'état.

Pero, ¡claro!, la vida económica fue haciéndose más compleja. Empezaron a nacer oficios; vino la necesidad del cambio, y, al mismo tiempo, el desarrollo del numerario, y, con él, de la riqueza mueble por diferencia de la inmueble. Y entonces ocurrió lo que hasta aquella época: que cuando el Rey de Castilla quería cobrar de algún modo tributos, venía y hacía una especie de 'razzias',[5] como se hacían en Marruecos; pero llegó un momento en que fue más cómodo para las necesidades del Estado convertir a las villas —en las cuales residían los mercaderes, los francos— convertir a las villas en una especie de alambiques que reducían la riqueza del campo en especie a riqueza en numerario: cobrar los impuestos en las villas y darles a éstas una cierta jurisdicción, un cierto dominio sobre las tierras llanas o el infanzonado, para que el mercado se ejerciera en ellas y cobraran derechos por hacer mercado.

Y entonces nació una lucha, no como se suele decir otras veces, sino más bien entre el rey por una parte, apoyado en los mercaderes, en los francos, en las gentes de las villas, en los villanos, contra los grandes señores o pequeños señores territoriales, los jefes de las banderías, los banderizos, que se apoyaban en la aldeanería, en las gentes de los campos, en las gentes del infanzonado. Y de entonces ya arranca la lucha, que continúa todavía.

El instinto aldeano, el instinto del hombre que sirve o es criado del señor de la tierra, del que está pegado al terruño, es un instinto en cierto modo igualitario, a las veces demagógico, no democrático, pero, desde luego, no liberal. El liberalismo nació principalmente en el espíritu de los mercaderes, en las gentes que ponían la riqueza en numerario, la riqueza inmueble que les traían y llevaban, sobre la riqueza de la tierra. Y ésta es toda la lucha que ha constituido la Historia constante de esta nuestra tierra. Constantemente ha sido una lucha de las anteiglesias,[6] a veces de las pequeñas villas, contra la Villa del Nervión, que era la Villa mercadera, que era el puerto de Castilla desde la Edad Media, y aun posteriormente, por donde entraban y salían y se recibían, con la sal de las mareas, sales del mundo todo, y con todo el mundo se relacionaba.

Juntamente con esto hubo, poco después, cuando esta lucha se entabló en Castilla, la lucha de las Comunidades. Y la lucha de las Comunidades castellanas fue una cosa análoga. Eran los villanos, eran los tejedores de

---

[5] 'Razzias': an Arabic word meaning military raid.
[6] 'Anteiglesias': (Biscayan) parish districts.

Segovia, por ejemplo; eran los pelaires en otro pueblo;[7] eran los mercaderes también del centro, los que lucharon <con aquel primer Aubsburgo que vino a España [...]. Y ésta fue una gran desgracia.>

Cuando murió el príncipe don Juan, el hijo de los Reyes Católicos – murió en Salamanca– desapareció la posibilidad de una dinastía genuinamente española, <que acaso hubiera podido llegar a ser una dinastía genuinamente liberal.> En aquella época, y con la lucha de las Comunidades, venció el emperador, y se convirtió casi toda España en un vasto campo, de donde luego sacó soldados para llevarlos como tercios a Flandes o para llevarlos a la América más tarde. Era la época en que la Reforma, hija del Renacimiento, movimiento ciudadano, anticampesino, antirrural, es decir, antipagano (pagano y aldeano significan lo mismo)... ; era la época en que la Reforma, hija del Renacimiento, estaba renovando la conciencia europea; es decir, estaba haciendo nacer la conciencia individual, oponiéndola a aquella conciencia colectiva de la Edad Media en que el hombre quedaba completamente ahogado, bien en los gremios, otros en una corporación, otros en una clase, otros en un convento.[8] Y ved toda aquella lucha por la libertad civil, y es curioso, es curioso considerar que muchas veces defendían la libertad civil los que negaban la libertad absoluta del albedrío. Y es que creían que uno lleva la ley dentro, y, por consiguiente, que no hay por qué imponérsela desde fuera, que es la esencia de todo liberalismo. El liberalismo político no es ni ha sido llevado a lo civil más que en una extensión del liberalismo de la Reforma, que estableció el principio de libre examen, hizo nacer la conciencia individual y puso al hombre cara a cara con Dios, sin medianeros de ninguna clase, sin revendedores de la gracia divina.

Y ved cómo aquellos hombres que negaban, ya digo, esa libertad, sostenían, por otra parte, la libertad civil. También este movimiento tuvo alguna repercusión en este País Vasco. También en el País Vasco se infiltró el principio de la Reforma. También aquí hubo hugonotes, y la otra tarde recordaba a aquel Juan de Lizárraga que fue el primero que tradujo los Evangelios al vascuence.[9]

---

[7] 'Pelaires': wool-dressers.

[8] Unamuno speaks more positively here of the Reformation than he had done in the Conclusion to Del sentimiento trágico de la vida; see Obras completas, VII, 284.

[9] Unamuno had spoken about Lizárraga during the talk he gave in the Teatro Arriaga in Bilbao on 1 January 1924. The text, 'Pidiendo una

Iba desarrollándose este espíritu liberal de libre examen, primero religioso, después civil, de libre crítica, más bien que en esta tierra, en los puntos de esta tierra que tenían, por sus relaciones mercantiles, una conexión con el resto del mundo culto. Aquí, por ejemplo, se podría (no es cosa de entrar en estas historias; nos llevaría muy lejos) demostrar cómo ese espíritu palpitaba en esta hija del Nervión aun a pesar de sus mismos habitantes. Es que no se puede comerciar libremente en productos de manufactura sin comerciar también libremente en ideas y en sentimientos. No es posible tener relaciones con las gentes de otras creencias, de otro régimen político, sin tener una amplitud, una cierta amplitud también de espíritu. No es posible romper aduanas mercantiles y mantener aduanas religiosas o aduanas políticas. Es absolutamente imposible.

En tanto, en toda Europa, por ahí fuera, iba marchando todo el proceso que lleva desde la Reforma, hija del Renacimiento, a la Revolución francesa. Todo el proceso de concentración del Poder en Francia, sobre todo con los Borbones o los Capetos franceses, no era más que una preparación de la Revolución francesa. Desde el momento en que Luis XIV --acaso el rey más revolucionario, sin quererlo, que haya habido--; desde el momento en que Luis XIV dice: 'El Estado soy yo', prepara el que mañana el Estado diga: 'El rey soy yo'. El tránsito era perfectamente claro. Hasta entonces, el Estado no era individual. El Estado era una serie de grandes señores, una especie de aristocracia, una nobleza, las quejas contra la cual se ven muy bien en los Cuadernos de agravios de la Revolución. Pero desde el momento en que los iguala a todos un rey absoluto, prepara el absolutismo de la colectividad, que es, después de todo, lo que vino a hacer la Revolución francesa.

Aquí, en España, también iba soplando el espíritu de la Revolución -- todo el reinado de Carlos III no es otra cosa--; y llega por fin la revolución, o una oleada, un choque de la revolución, llega a nuestra España. Llegó cuando aquella lamentable escena con que acaba el reinado de Carlos IV y se prepara <el de aquel mal hijo y luego pésimo rey que fue el abyecto> Fernando VII.

Por ese tiempo, cuando iba la ola revolucionaria corriéndose hacia España, por ese tiempo se riñó aquí, en Vizcaya, una de las más bravas batallas de la aldeanería, de la gente rural, del infanzonado contra la Villa,

---

Universidad para Bilbao', was published in *El Socialista*, Madrid, 7 January 1924, and has been reprinted in Unamuno, *Política y Filosofía*, pp. 194-201 (reference to Lizárraga, p. 199).

que fue la batalla de lo que se ha llamado 'la zamacolada'. Y es curioso que Zamácola fuera un afrancesado y, probablemente, un descreído. Fue el cabecilla y el representante del espíritu de los aldeanos.[10]

Bilbao luchaba, como siempre, por lo que hoy llamaríamos una representación proporcional, por que estuviera representada, no la colectividad, sino la suma de sus individuos, por un principio perfectamente liberal, en el sentido que os he dicho de la Reforma, de poner sobre todo el valor de la individualidad.

En cambio, todas las anteiglesias, todos los demás, estaban contra la Villa y querían otro sistema de representación que ahogaba continuamente los instintos ciudadanos y las necesidades ciudadanas, que son las necesidades del libre comercio y del trato con los pueblos de fuera. Los pequeños Robinsones no querían que se les metiera nadie en casa y les alterara su tranquila marcha.

Y es curioso. De ahí se llamó malos españoles a aquellos afrancesados. ¡Habría que ver qué es ser buen español y mal español! Así, los mejores españoles podrían llegar a ser los que sostuvieran la tradición más antigua: la de las Cuevas de Altamira, que es la tradición troglodítica.

Y es curioso que, cuando vino aquí el que se llamó el Rey intruso, aquel José Napoleón, de los seis ministros que tuvo dos fueron de aquí, de Bilbao: Urquijo y Mazarredo.

Y nacieron para toda España, y como para toda España también para esto,[11] nació toda aquella obra de las Cortes de Cádiz, que es la obra de la revolución en España, aquellas Cortes que fraguaron una Constitución que llegó a ser una especie de fetiche casi, a la cual en un tiempo se le rindió un culto casi religioso; que llegó a constituir para generaciones españolas de quienes hoy mucha gente se sonríe... llegó a constituir la Constitución algo así como una diosa, como una entidad ideal y que apenas si se podía concebir encarnada aquí en la tierra.

Por esa Constitución —o por otra: por tener una Constitución, una garantía escrita, votada y discutida públicamente por todos, que atara lo

---

[10] In 1801, S. B. de Zamácola, a rich businessman, received permission from Godoy to create a new port at Abando to rival Bilbao, which hitherto had exclusive rights over importation and exportation in the area. In exchange, Godoy insisted on the introduction of compulsory military service for the vizcaínos. The latter rebelled against this idea, with the result that Vizcaya was occupied by Monarchist troops until 1807.

[11] 'Esto' refers here to Bilbao and the Basque Country.

mismo al rey que a los vasallos; por tener un principio que sujetara y que, en un caso dado, impidiera hasta el dominio de la mayoría--; por esa Constitución perecieron muchas gentes, y por eso hace poco, un siglo, murió, es decir, fue asesinado, en Madrid el pobre Riego;[12] y era el anhelo de poner a salvo, y sobre todo, los derechos individuales, la intangibilidad de la conciencia de cada uno, que, vuelvo a repetir otra vez, pasó al orden civil del orden religioso en que lo había establecido la Reforma.

Y también aquí se quiso quitar cierto carácter a los medianeros: también aquí se quiso acabar con una especie de sacerdocio político, y que, así como en la Reforma cada uno es su propio sacerdote, cada ciudadano pudiera, en un momento dado, representar a todos los demás y hasta representarse a sí mismo. Y esto, en un país como España, donde la base de toda esta concepción de la vida, donde la base y todo este modo de sentir la política y la Historia tenía un muy pobre sostén. Porque aquí no ha habido clase media.

Se habla de burguesía y se habla de clase media. En España, si se exceptúa muy pequeñas regiones, algo de Cataluña..., aquí, gracias al movimiento mercantil, no ha habido clase media. <Porque no es clase media, no es burguesía, esa famélica burocracia que así se llama y todo este ejército de empleados de los que un tiempo había dos turnos: el de los que disfrutaban el poder y el de los cesantes.> Eso no ha sido nunca clase media. Y esa clase media, sostén en toda Europa del liberalismo histórico, del que pone por encima de todo los derechos individuales, la libre crítica, la opinión absolutamente libre, el de la libertad de comercio, lo mismo que con los productos con las ideas: esa clase media fue aquí bien pobre, bien triste y bien sumisa. Mas, a pesar de todo, esta lucha por esa clase que no existía, pero que quería existir, por ésos que deseaban elevarse a una posición y a una organización análoga a la de la clase media de todo el resto de Europa, todo eso explica nuestras guerras del siglo XIX, que ha sido acaso el siglo más fecundo en la historia de España.

<Las guerras civiles —vuelvo a repetirlo—, y esto ya lo dijo hace muchos años alguien en medio de un gran escándalo, son las más santas de las guerras y, además, las más nobles, generalmente: las guerras civiles que llenan, en una u otra forma, casi toda la Historia, desde la muerte de Fernando VII hasta ahora mismo que, aunque latente, estamos también en guerra civil.> Y en esas guerras, las del 33 al 40, esta Villa fue la que

---

[12] Rafael de Riego (1785-1823); soldier and Liberal hero who was executed for his radical beliefs.

ofreció el sentir de cada uno de sus hijos; esta Villa sostuvo los principios de ese liberalismo; esta Villa sostuvo los principios de los derechos de la individualidad; y estuvo luchando sin que muchos de los que lucharon supieran a ciencia cierta por qué estaban luchando. ¡Ah!, es que hay una especie de sentimientos subconscientes, algo que tiene más fuerza que los otros y que, a veces, le hacen a uno querer, no lo que él cree que debe querer, sino realmente lo que debe querer, aunque él no lo cree.

Entonces hubo aquel primer sitio. Aquel primer sitio se debió a la testarudez de los campesinos vizcaínos, de las gentes del infanzonado, de tomar a Bilbao. ¿Era por necesidades estratégicas? ¿Era porque éste era un paso definitivo para el triunfo de la causa carlista, de aquel primer Carlos V? No. Zumalacárregui veía más claro.[13] No era, fundamentalmente, más que un estratega; no era un guerrero; veía las cosas desde el punto de vista estrictamente militar, y sabía que era un empeño un poco baldío el empeñarse en tomar a Bilbao; pero es que para las masas carlistas de entonces acaso terminaba todo con tomar a la Villa. Les interesaba mucho más tomar a Bilbao que tomar a Madrid. Yo creo, si llegan a tomar a Bilbao y establecen aquí un pequeño reino, no se preocupan para nada de sentarle en el reino de Castilla o de España a Carlos V. De eso se hubieran ocupado los demás, los carlistas castellanos. Los de aquí, no.

Y terminó aquella guerra con el abrazo de Vergara, y siguió luego aquel accidentado reinado de Isabel II, hasta que vino la revolución de septiembre, y esta señora tuvo que salir de España, encontrándose precisamente en esta tierra, en Lequeitio, cuando tuvo que marchar.

Y empezó a prepararse ya desde entonces la segunda guerra carlista, aquélla de que yo, niño, he llegado todavía a ser testigo. Y uno de los recuerdos más vagos que tengo es cuando volvieron aquí, a la Villa, en son de protesta de unas Juntas liberales del Señorío, los apoderados de las villas, protestando —uno de ellos era, me parece, el señor Villabasó— y se les levantó aquí unos arcos de triunfo y fueron recibidos en medio de una gran aclamación popular. Volvían protestando precisamente del eterno pleito, del sistema de representación proporcional, que hacía que los intereses de los mercaderes, que los intereses liberales, que los intereses internacionales —podríamos decir europeos— fueran sometidos a los sentimientos —también a los intereses, pero sobre todo a los sentimientos— del pequeño caserío, que

---

[13] Tomás Zumalacárregui (1788-1835); Carlist General in the First Carlist War (1833-1839).

había heredado el espíritu de aquellos que pelearon con los antiguos francos de las villas.

Y entonces, vagamente, fui traído con esa riqueza que traen las cosas históricas, la historia que se vive, no en enseñanzas concretas, no en doctrinas, sino en leyendas, en canciones, en frases, en anécdotas, en toda una cosa que forma un nimbo; entonces empecé yo a sentir lo que era aquello. Posteriormente, claro está, sobre todo este trabajo sentimental vino un trabajo de reflexión, vino un trabajo de estudio. Me encariñé con aquella historia que había vivido; empecé a recoger todos sus ecos que estaban, y estuve, durante un período de más de doce o catorce años, consagrado principalmente a reunir cuidadosamente todos los datos, todas las noticias que de aquella pequeña epopeya de la Villa podía yo encontrar, y meditar, no sólo en ella, sino recorriendo nuestras encañadas, las riberas de nuestros ríos, de las montañas y en las cimas de éstas, en lo que aquello podía haber sido dentro del espíritu universal, porque el espíritu universal vive hasta en la más pequeña aldea.[14]

Después, en esta guerra ocurrió lo mismo que en la anterior. Tampoco era ningún acierto, desde el punto de vista militar, aquella tozudez de sitiar a Bilbao. Se daba como pretexto que, tomado Bilbao, se podía levantar un empréstito en Inglaterra y se dominaba el puerto y se podía recibir embarcaciones. No; era que había que satisfacer los sentimientos del campesino, los sentimientos de la aldeanería, que una vez más quería ahogar a la Villa y someterla a su antigua concepción de la vida y de la Historia. Y es curioso, es curioso. Estaban rodeando a esta Villa, estaban sitiándola, aldeanos de las provincias. ¡Ahora! resistiendo empuje de las fuerzas libertadoras en Somorrostro, castellanos o alaveses. Es que no podían apartar los ojos y estar mirando aquí, a esto.

Terminó aquella guerra, no con un convenio como el de Vergara, de una manera acaso más lamentable; pero terminó, y vino lo que se llamó la Restauración, y poco después, esa Constitución híbrida de 1876, <llena de contradicciones íntimas, en que no se sabe bien [...] si el rey es constitucional o es rey por gracia de Dios> [...]. Es una obra maestra de logomaquia, pero no deja de tener sus ventajas. Esa misma hibridez permite muchas cosas.

Y transcurrió todo este período —éste ya es más moderno, lo conocéis la mayor parte de vosotros—; transcurrió todo este período de la revolución.

---

[14] The information that Unamuno obtained at this time would eventually help him to write *Paz en la guerra* (1897).

Vino después el período gris y <plúmbeo> de la Regencia <que culminó en 1898, y detrás de la Regencia vino la Trasregencia, que todavía dura,> y se ha venido al estado actual; y hoy nos encontramos, al cabo de un siglo, casi con los mismos problemas del tiempo en que se asesinó a Riego, y muchos de ellos planteados exactamente de la misma manera; con decir que, si aquí se estaba luchando por el sistema de la representación, hay todavía quien habla de representación por clases. ¿Y qué se entiende por clases? Porque hay que ver qué es eso de clases. Puede ser profesiones, puede ser gremios, y un gremio moderno no puede ser un gremio medieval. Puede ser clases democráticas, clases eclesiásticas y clase militar, entre otras cosas. A una de ellas se oponen los profanos y a la otra los paisanos. Y a favor de todo esto y de estas sacudidas que ha traído la trasguerra o postguerra europea, se ha vuelto a poner en duda una porción de valores y se ha vuelto a plantear problemas como estaban planteados hace mucho tiempo, no de una manera distinta —se ha renovado el planteamiento; pero es lo eterno, lo de siempre; lo cual quiere decir, no que había fracasado una solución, que no ha habido una solución. 'Ha fracasado el liberalismo'. ¡Pero si no se ha ensayado el liberalismo todavía en España! Y, entre otras cosas, a favor de esto, han vuelto problemas de los que dicen las gentes: 'De eso ya no se ocupa nadie', entre ellos el problema que se llama, mal llamado, religioso. Es decir, mal llamado puede ser que no; acaso profundamente sea eso: no un problema eclesiástico, sino un problema religioso.

Y vuelve hoy a plantearse el problema de los derechos individuales, de los límites de la autoridad, que son, a la vez, los límites de la libertad, de dónde termina la una y empieza la otra y cómo nace la libertad de la autoridad y de cómo la autoridad puede y debe ser una garantía para la libertad y no otra cosa; pero de la libertad para todos. La libertad para todos es lo que se ha llamado en otro sentido *igualdad*, palabra que nunca me ha gustado. Me gusta más *justicia*. La justicia es dar a cada uno lo suyo. No puede haber justicia donde no haya el reconocimiento de cada uno. La justicia es una santidad individual y una conciencia personal individual. Yo no entiendo mucho de la justicia para colectividades; la justicia es para individuos. El alma de un individuo vale por todo el Universo. El alma: no he dicho la vida, ni mucho menos el cuerpo.

Y ahora se oye hablar de nuevo liberalismo. Yo quisiera saber cuál es ese liberalismo que llaman nuevo los que no han sentido nunca el antiguo, ni acaso lo conociesen; ni sé cómo se puede establecer un nuevo liberalismo fuera de la Historia y sin rozar en ella; y estableciendo en la Historia, y con razón en ella, ese liberalismo que llaman nuevo, no será más que el antiguo.

Diréis renovado; todo lo vivo se renueva, y si no se renueva, es que no vive; así como esta Sociedad representa, quiera o no quiera, por su historia, a la que está ligada, los sentimientos —no diré la concepción—, los sentimientos liberales de esta Villa de los mercaderes, de esta villa que goza del Nervión, de un régimen de librecambio de comercio: lo mismo que de productos, de ideas, de que no debe haber riqueza atada a la tierra y sujeta que impida y ahogue el libre desenvolvimiento de la otra riqueza, de la que los hombres pueden llevar consigo donde quiera que vayan; que no puede haber un espíritu, diríamos de terrateniente, de labrador, que ahoga el espíritu del ganadero, del que puede ir con su ganado de pasto en pasto y recorrer la tierra, del hombre que no estaba [sic] atado al suelo.

Este sentimiento, que por oscuros caminos ha nacido aquí, lo ha representado, como un hogar del liberalismo bilbaíno, esta Sociedad 'El Sitio', y por eso dirigió hace poco aquel llamamiento, al cual se esperaba que contestaran unos y otros. Han ido contestando. Acabo de leer una contestación del señor conde de Romanones,[15] al cual contesté yo; pero contesté en público.[16] Contesté en público y bastante claro, porque no soy político, en el sentido que aquí se ha solido dar a los políticos. En el otro, desde luego, de los muy pocos que hay en España. No sé si los contaremos con los dedos de la mano. Como en el otro sentido, no soy político, es decir, no soy hábil, (puede ser que sí, porque hay gentes que con tal de aparecer hábiles dejan de serlo; y eso le pasa al amigo que acabo de nombrar); como no tengo la preocupación de la habilidad y no estoy nunca dispuesto a rectificar la apariencia de austeridad o de sinceridad en los sentimientos a la realidad de ellos, y lo he probado en algún momento muy solemne de mi vida, en que he hecho lo que debía hacer, y en casos análogos volvería a hacerlo, por no sacrificar la realidad a las apariencias;[17] como no soy hábil,

---

[15] See p. 14, n. 3.

[16] Unamuno's reply to the 'Manifesto' that La Sociedad 'El Sitio' published in early December 1923 is the article 'Sin color ni grito', *El Liberal*, Madrid, 13 December 1923; reprinted in Roberts, 'Unamuno contra Primo de Rivera', pp. 96-97.

[17] Unamuno seems to be referring in this long and rambling sentence to the occasion when Alfonso XIII granted Romanones and himself a royal audience (May 1922). Unamuno was bitterly criticised for visiting the King by many Liberal and Republican figures and felt obliged to give a talk justifying his actions to the Ateneo de Madrid (see 'Unamuno explica su visita a Palacio'; reprinted in *Obras completas*, IX, 1114-18). He continued

no se me ocurre decir, como a un político: 'Sí, es verdad; pero como ahora no podemos hablar; como estamos cohibidos; como se nos cercena; como no pueden hablar más que las derechas...'. No es verdad. Esos señores, como yo, pueden decir lo que quieran. Lo que hay es que por otras razones distintas no les conviene decir.

Estos señores, para no hablar claramente ni definir su liberalismo, sacan el pretexto de que hoy no hay libertad nada más que para las derechas, y los que nos llaman, no sé por qué, gentes de izquierda, no nos dejan expresarnos libremente; y aluden a la censura y a otra porción de cosas. Yo os digo que no es verdad. La censura les hace un gran favor a ellos, porque les sirve de pretexto para no definir claramente su liberalismo; que no quieren definirlo, que están esperando otra vez la merced <del Rey.>

No es porque se les coharte la libre expresión por lo que no quieren o dicen que no pueden expresarse en éste que hemos dado en llamar nuevo régimen. Es porque tienen que definirse <de una manera que acaso les imposibilite para que vuelva a llamarles el régimen, el verdadero régimen, o se comprometan a acabar con él.> Ésa es la verdadera razón de su silencio; todo lo demás son pretextos completamente. Y es que se ha llegado a un punto que hay que definirse.

El Liberalismo es, ante todo, como el Socialismo, un método; no es un dogma. Es un método, es una manera de resolver, de tratar, de criticar las cuestiones; es, sobre todo, un método de libre examen. En religión, la Reforma significaba el libre examen, la posición del individuo, libre de lazos con otros, frente a Dios: a solas con él, la concepción individual del credo. El liberalismo en política es lo mismo: es poner al ciudadano por encima de toda otra cosa, y no tratar a los hombres ni como ricos, ni como pobres, ni como de este oficio ni como del otro, sino simplemente como ciudadanos, y agruparse como tales ciudadanos; y es el libre examen, la crítica pública, es el régimen de la opinión pública, que obliga a todo ciudadano a intervenir en la cosa pública, y a preocuparse de ella, y a no delegar. Lo terrible es delegar. ¡Y es tan humano! La mayor parte de las gentes ni tienen tiempo ni tienen facultades ni tienen posición para dedicarse a ciertas cosas. Dicen:

---

to feel uneasy about the episode, however, and in his first speech to the Ateneo after his return from exile, he yet again set out to explain the reasons behind the visit (see 'Conferencia dada en el Ateneo de Madrid el día 2 de mayo de 1930'; reprinted in Unamuno, *Dos artículos y dos discursos*, ed. David Robertson (Madrid: Espiral Hispanoamericana, 1986), pp. 65-87 (p. 66)).

'¡Bueno!' Y se dice aquello que yo recuerdo que me decía uno: 'Mire usted, si yo me pongo a leer las enfermedades, creo que tengo todas las que leo, de modo que no quiero ocuparme en eso, ni saber dónde tengo el hígado, ni dónde tengo el bazo, ni para qué sirven. Le llamo al médico, me receta; si me mata, allá él por su cuenta; si me sana, habrá que agradecérselo. Lo mismo me pasa con las cosas del alma. Déjeme usted a mí de todas estas cosas. Hay un cura a quien se paga para estas cosas. Llego, me confieso; si me da absolución, bien, y si no, allá él por su cuenta'.

Se delega, y lo mismo se ha estado delegando en las cosas civiles. Las gentes han estado delegando, y han estado delegando en lo que se llama los caciques de la política –una cosa perfectamente natural--, o sea los que pensaban civilmente por todos los ciudadanos de una provincia o de un pueblo, y que en la mayor parte de los sitios eran, como pensamiento, los más capaces para pensar en esas cosas, eso es indudable. <Ahora, por ejemplo, se ha dado en perseguir a secretarios de una porción de pequeños pueblos, que eran, probablemente, los únicos que sabían leer y escribir en el pueblo.[18] Los demás eran una masa y les tenía completamente sin cuidado. Ahora, claro está, abandonando la política.

Dicen que tauromaquia es un arte y que tiene sus principios, y creo que matar a un toro en una plaza no será como matar a otra cosa cualquiera, y que no basta que un hombre sepa manejar una espada para que se presente en una plaza de toros a matar. Como sucede con otras cosas; como, por ejemplo, la cirugía es una obra de arte, naturalmente, pero hay que entenderla. Costa hablaba de un cirujano de hierro.[19] ¡Ah! pero ni los cirujanos son matarifes ni la espada es bisturí.>

La política, tendrá que volver España a que la hagan los políticos. Y el modo de evitar que los políticos la hagan mal es, sencillamente, hacerse todos políticos, y no venir con aquello de: 'No me hable usted de la guerra', 'Yo en mi vida me he metido en política'. ¡Y luego se queja usted de que le suban las contribuciones! Usted no tiene derecho a quejarse. Métase usted en política. Tiene usted obligación, como ciudadano, a preocuparse de eso. Mientras tanto, no se queje usted.

---

[18] On 30 September 1923, Primo de Rivera had ordered the suspension of all the officers in the democratically elected town councils.

[19] Joaquín Costa (1846-1911); Spanish writer and political activist who, in *Reconstitución y europeización de España* (1901), claimed that only an authoritarian régime could bring about the 'regeneration' of Spain.

El liberalismo es un método. Consiste en eso, en un libre examen; es una cosa de opinión pública, de absoluto respeto de las garantías individuales, de hacer que todos nos preocupemos de eso; y en que se llegue a hacer una opinión y no se falsifique la opinión. Se dice que en España no hay opinión; pero... Pero de ésta no hay opinión, de la que se han servido algunos para hablarnos recientemente de unanimidad, de mayoría, etcétera. Y se están buscando por todas partes adhesiones, y esas adhesiones que cuando no se encuentran se fingen.[20]

<Los momentos son verdaderamente graves. A favor de esto, hay una porción de gentes que ya se ha excitado. Creen ya que han muerto las libertades públicas, creen que ha muerto la Constitución y ya se ve revoloteando a los cuervos para caer sobre su carroña. Se oyen cosas verdaderamente extraordinarias. Todos los arbitristas de la leyenda, todas esas gentes de la representación por clases, de los antiguos gremios y otras cosas más fantásticas todavía, entre ellas la de una llamada libertad de enseñanza, que viene a reducirse a que la enseñanza quede acaparada por una Orden religiosa: todas esas gentes están ya batiendo las alas negras y están creyendo que esto es pan comido. Y lo será si no despierta ese sentimiento de los pueblos que quieren relacionarse con los demás y quieren el libre comercio lo mismo de los productos que de las ideas, que quieren que sobrenade el espíritu de los ciudadanos, el espíritu del hombre que se hizo tratando con todos los hombres del resto del universo, del que supo libertarse, del que supo hacer una riqueza. Y no una riqueza que como un grillo le ate al suelo de esta Villa, cuya historia toda es una historia de lucha consciente por la civilización que es la civilidad, que es lo contrario de la ruralidad, lo contrario de la aldeanería. Porque es menester hacer de todo el campo una sola ciudad y con casas esparcidas, y que todas las gentes de nuestra tierra tengan sentimientos ciudadanos.

Esta Sociedad tiene la obligación de levantar la frente y decir: 'No todos estamos dispuestos a que se nos trate de menos que a niños'.>

EL LIBERAL, Bilbao, 6 January 1924

---

[20] Unamuno is referring here to Primo de Rivera's plans to set up a National Party. See Unamuno's article 'Nada de Partido Nacional' (below, pp. 51-53).

10
DON MIGUEL DE UNAMUNO EN EL CASINO REPUBLICANO

Al ocupar la tribuna el Sr. Unamuno, fue acogido con una larga ovación.
Comenzó diciendo que, como no había dicho aún nada en el Casino
Republicano, los aplausos con que se le recibía no eran corroboración de
ninguna manifestación suya.

Y os digo esto –añadió– porque parece ser que la importancia, no digo
la gravedad de ciertas manifestaciones no consisten en las manifestaciones
mismas, sino en si son o no son recibidas con aplausos; de tal manera que,
si las manifestaciones no fueran recibidas así, pasarían perfectamente
tranquilas. Lo grave es el apoyo, cosa que sucede en todos los períodos de
las manifestaciones. No es lo grave el modo en que se hagan, lo grave es
cómo sean recibidas.

Dicho esto, quiero deciros unas cosas breves sobre el sentido que pueda
tener en España el republicanismo. El republicanismo español, casi se puede
decir que se ha deshecho, se ha despedazado en grupos y grupitos, se ha
pulverizado y ha venido a ser una opinión de la que muchas gentes no
sienten su verdadero sentido.[1] Pero acaso haya más republicanos que nunca
en España, aunque no se llamen así. Durante mucho tiempo se ha creado una
especie de fetichismo; se adoraba al nombre, y debajo de él no puede haber
un gran contenido doctrinal. Era una cosa absolutamente externa.

Alguien habla de la accidentalidad de la forma de Gobierno. Y cuando
no es más que una forma, es accidental. Lo que hay es que, cuando se
llaman formas, suelen ser muchas veces fondo. Todas estas cosas hay que
sentirlas en un terreno histórico. Fuera de la historia, en realidad, no hay
política. La política es Historia, y la Historia puede decirse que no es, en el
fondo, más que política.

Hay monarquías –en el sentido de que el jefe de Estado es hereditario–
que tienen una Constitución completa y absolutamente republicana, y, en

---

[1] Unamuno was a fierce opponent of the official Spanish Republican
parties, and especially of the Republican leader Alejandro Lerroux. See, for
example, 'Socialistas y republicanos', *El Mercantil Valenciano*, 13 February
1924; reprinted in Roberts, 'Unamuno contra Primo de Rivera', pp. 104-06.

contra, hay repúblicas que tienen una Constitución ultramonárquica;[2] lo que llamaban, por ejemplo, los antiguos tiranía; pero hay tiranías que son mucho más útiles que muchos reyes del otro género.

Algunos políticos –agregó– en España han hablado de la accidentalidad de las formas de Gobierno. Melquíades Alvarez hablaba de eso;[3] pero en esto, nadie ha ido más lejos que el conde de Romanones,[4] que en un libro muy interesante, y del cual, si hoy pudiera, borraría bastantes líneas, y que se titula *El ejército y la política*, dice que las Monarquías constitucionales sustituyeron a las de derecho divino, y que hasta aquéllas han de desaparecer para ser sustituidas por una forma democrática de Gobierno, muy parecida a una República burguesa.

Fundamentalmente, lo que puede marcar una diferencia es, sencillamente, la existencia de una Constitución; pero una Constitución que se cumpla, una Constitución que sea efectiva. Una Constitución, por ejemplo, como la inglesa, puede decirse que es una República con un jefe de Estado que es vitalicio y que es hereditario y al cual puede destituir, simplemente, un voto de las Cortes.

El concepto de derecho divino tiene un aspecto que pudiéramos llamar teológico; pero tiene otro histórico, teológicamente, según San Pablo. El derecho divino es potestad, y potestad viene de Dios; es decir, que tiene derecho divino un rey, un alcalde, un alguacil, todo el que ejerza una autoridad. Históricamente, el concepto Monarquía de derecho divino es un poco más complicado y nos llevaría a un desarrollo que en este momento no puedo abordar, pues, aunque tengo buena memoria, me gusta, cuando hablo de la Historia, tener a la vista anotaciones. Todos sabéis cómo ocurrió en España la revolución de septiembre de 1869 [*sic*].[5] Cuando ocurrió en España esa revolución, apenas si había republicanos; estoy por decir que había más socialistas, aunque tampoco había muchos; pero a aquella buena

---

[2] Unamuno seems here and two paragraphs later to be adopting Santiago Alba's notion of the 'República coronada', a notion which he had previously rejected (see the article entitled 'República y corona', pp. 16-18 above). In another article of this time, he claimed that Great Britain was one such 'República coronada' ('El triunfo del laborismo', *El Socialista*, 13 February 1924; reprinted in Roberts, 'Unamuno contra Primo de Rivera', pp. 103-04).

[3] Melquíades Alvarez (1864-1936); Reformist Republican leader.

[4] See p. 14, n. 3.

[5] Unamuno is referring to the 'Glorious Revolution' of September 1868 which saw the overthrow of Isabel II.

señora de doña Isabel II --y digo buena porque realmente lo era, pues pagó muchas culpas que no eran suyas– no la echaron los republicanos; la echaron los monárquicos. Vino después el período de Amadeo. Aquella breve República, que apenas duró un año, y de cuya Historia se cuentan muchas cosas muy a la ligera, se encontró con una guerra civil, y a pesar de eso, hizo muchas más cosas y mucho mejor hechas de lo que se cree. Cayó el 3 de enero del 74; es decir, no cayó: siguió llamándose República. Después vino el Gobierno provisional militar, que continuó llamándose República. Entró el general Serrano; quiso afirmarse levantando el sitio de Bilbao, para lo cual retiró al general Moriones, que, probablemente, lo hubiera levantado antes; pero no convenía, y el general Serrano tampoco logró levantarlo, y tuvo que venir el general Concha, marqués del Duero. Luego ya vino lo que se ha llamado la 'saguntada', la proclamación de Alfonso XII en Sagunto por Martínez Campos.[6]

Vino la Regencia y ha venido el régimen actual, otra Regencia.

El Sr. Unamuno siguió hablando de lo que fundamentalmente debe ser el sentimiento republicano, y refiriéndose de nuevo a la Constitución, dijo que ha pensado muchas veces que la Constitución del 76 es, en varias partes, muy ambigua.[7]

Empieza por aquella mezcla del concepto de la Monarquía de derecho divino y de la Monarquía constitucional; pero esa Constitución –agregó–, mejor o peor, hubiera sido más que suficiente si se cumpliese; pero hemos visto que durante muchos años la Constitución no ha estado viviente, sino casi siempre yacente. Unas veces por una cosa, otras por otra, se han suspendido sus garantías, y cuando no se han suspendido, ha sido peor.

Todo el problema es hoy en España de Constitución. Cuando la Liga de los Derechos del Hombre iba a iniciar una campaña pidiendo la reforma de la Constitución –recuerdo que la inicié yo–, di en el Ateneo de Madrid una conferencia sobre esto, sosteniendo que lo más perfecto sería hacer una Constitución de tal índole que fuera indiferente la forma de gobierno; es decir, que con Monarquía o República en España pudiera seguir la Constitución siempre lo mismo, y en ella sólo se hablara del jefe del Estado.

---

[6] Serrano, Moriones, Concha and Martínez Campos; leading Liberal generals, active in Spanish politics in the period from the 1840s to the 1880s and in the Second Carlist War of 1873-1876.

[7] A reference to the Constitution drawn up in 1876 by Cánovas del Castillo and others, which remained in force until Primo de Rivera's coup d'état of September 1923.

Esto permitiría una mayor elasticidad, pues hay que evitar ciertos cambios cuando se hicieran necesarios.

Habló de la marcha de los piamonteses sobre Crimea y de la Historia de Grecia, para decir que es absurdo sostener el concepto de cosoberanía, pues o el régimen es el soberano o lo es el Estado.

Agregó que actualmente el régimen no puede ejercer la soberanía.

En España —dijo— lo más lamentable que ha habido en toda la última época era la debilidad de los Parlamentos frente al Poder ejecutivo. Se ha dicho que los Gobiernos hacían los Parlamentos. No había Gobierno que no tuviera mayoría, sea la que fuere. Se marchaba ese Gobierno y, al venir otro, lo hacía con mayoría en las Cámaras. Pero esto fue cambiando. Ultimamente ya no ocurría así. El Parlamento ha ido tomando una fuerza sobre los Gobiernos. El número de diputados que no debían su nombramiento a los ministros era cada vez mayor, no siempre por buenos medios, naturalmente, y se iba llegando a una época en que el Parlamento dominaba al Gobierno; y el penúltimo Parlamento, sin ser muy fuerte, era más fuerte que el Gobierno, y le llevaba a rastras a éste.[8] Ese Parlamento entró en un trabajo de depuración, después de vencer una porción de dificultades. El Parlamento, en un momento, derribó a un Gobierno.[9] Se hicieron unas elecciones, vino un Parlamento más fuerte también que el Gobierno. Entonces empezó a iniciar una labor de fiscalización y de depuración.

Yo tengo la absoluta convicción de que las cosas iban de tal modo que había una fuerza de opinión rodeando al Parlamento. El Parlamento iba a rastras de la opinión pública, no muy sensible, porque en España la opinión pública no es muy sensible y la mayoría de las gentes no opinan nada; pero de las gentes de opinión, de las gentes que se preocupan, se había creado una opinión pública que iba imponiéndose al Parlamento, y el Parlamento, a su vez, se imponía al Poder ejecutivo. Yo creo que, si aquel movimiento hubiera continuado, muchos de los males que dice viene a curar lo que llaman el nuevo régimen se hubieran curado, posiblemente con más eficacia

---

[8] The 'penúltimo Parlamento' refers to the period March to December 1922 when José Sánchez Guerra was the Head of a Conservative government.

[9] In December 1922, Sánchez Guerra's government was voted out of power by Parliament because of its reluctance to act on the enquiry into responsabilities in relation to the defeat at Annual. It was replaced by Manuel García Prieto's government of Liberal Concentration.

que se curen, si llegan a curarse.[10] Aquella masa iba a las raíces; iba, si no a las raíces, por lo menos al tronco; iba a derribar una porción de árboles viejos. Y ahora temo mucho –no se trata de sentencias; pongo a salvo las sentencias– que no se logre. Nunca abrigué demasiadas esperanzas, y me temo mucho que por unas cosas o por otras esos esfuerzos sean estériles. Derribar es tan difícil como construir; derribar un edificio no es una cosa tan fácil. Además, no cabe duda, en cuanto pase este que llaman período de saneamiento, período destructivo, el primer problema que se presentará será la reforma constitucional. Las Cortes próximas tendrán que ser unas Cortes Constituyentes, unas Cortes en las que se discuta todo, incluso la forma de gobierno. Eso tendrán que ser por la fuerza.

Hablando de la Concentración Liberal, dijo que llegó al Poder con el programa de la reforma constitucional, y que luego no se atrevió a abordarlo.[11]

Yo –añadió– combatí todas las tendencias de la Concentración. Hoy no quiero combatir a aquellos hombres, pues no me parece conveniente ensañarme ahora con ellos; no por eso de que se debe dejar en paz a los muertos, pues no creo que estén tan muertos: son demasiado vivos.

Recordando a Canalejas,[12] dijo que, a pesar de que figuraba en la extrema izquierda de la Monarquía, fue el que más estuvo sosteniendo los principios del Poder personal, y que fue muy pernicioso en ese sentido, habiéndosele dicho así el Sr. Unamuno en alguna ocasión. Canalejas le contestaba que no tenía apoyo en la opinión, replicándole el Sr. Unamuno que, si no tenía opinión, debía dejar que gobernaran otros y esperar el momento propicio.

Agregó que lo fundamental es que haya una Constitución.

Pero una Constitución vigente y no yacente; de tal índole que no haya en realidad más que un soberano, como hay en todos los países

---

[10] Elsewhere, Unamuno made clear that it was above all the Socialist Party that was bringing about this healthy change in Spanish public life. See 'Conferencia de Unamuno en el Círculo Socialista de Bilbao', *El Socialista*, Madrid, 16 January 1924; reprinted in Unamuno, *Política y filosofía*, pp. 210-19 (at pp. 217-19).

[11] See p. 45, n. 9. García Prieto's government lasted from December 1922 until Primo de Rivera's coup d'état of September 1923.

[12] José Canalejas (1854-1912); Radical Liberal and Prime Minister (1910-1912).

constitucionales, que represente únicamente a la nación, sobre todo ante las demás naciones.

De todos modos —terminó diciendo—, quiero deciros dos cosas: primera, que en España, con el régimen anterior a la Restauración y el del período de Isabel II, acabaron los monárquicos; segunda, que repito cuanto dije en el Ateneo de Madrid: a aquellos mismos que lo hacían muy mal los hubiera preferido al régimen éste que llaman nuevo.

El Sr. Unamuno fue objeto de una larga ovación al terminar su discurso.

EL LIBERAL, Bilbao, 9 January 1924

11
NAPOLEON, PATRIOTA CIVIL

En ningún pueblo civilizado puede estar suspendida mucho tiempo la vida política, es decir, la vida civil y constitucional, sin gravísimo detrimento de los más hondos intereses nacionales, y entre ellos, del más hondo, que es de la vida del espíritu. Y el espíritu de un pueblo vive de libertad y de justicia, que son mellizas. Ni cabe sustituir las comunidades políticas, los partidos ideológicos con organizaciones de patriotas de buena voluntad, ya que el patriotismo suele ser un sentimiento muchas veces huero de todo contenido doctrinal, y la voluntad ni es buena ni mala, sino según la idea que la informa y guía.

Ha sido la maleza de aquellos llamados Gobiernos nacionales que solían formarse, no en momentos de peligro, sino cuando no se quería gobernar, cuando había miedo a gobernar.

La civilidad es política. Napoleón el Grande, el que a poco de coronarse por su propia mano emperador de la República francesa —que República siguió llamándose— dijo el 21 de marzo de 1804 aquello de '¡Soy el hombre de Estado: soy la Revolución francesa, y la sostendré!', Napoleón se proclamaba hombre civil. Sus campañas mismas eran ante todo operaciones de política.

En 1800, siendo primer cónsul, decía: 'No es menester un general en este puesto, sino un hombre civil... El Ejército obedecerá mejor a un civil que a un militar... Si muriera yo de aquí a tres años, de fiebre, en la cama, e hiciese un testamento, diría a la nación que se guardara de un Gobierno militar; la [sic] diría que nombrase un magistrado civil. Moreau no habla más que de gobernar militarmente: no comprende otra cosa'.[1] Napoleón debía tener razón por lo que hacía el Ejército de la Revolución francesa, que forjaron otros y que él perfeccionó llevándolo de victoria en victoria; aquel Ejército no obedecía sino a un político —revolucionario, ¡claro está!—, a un civil. Hoche mismo era en el fondo un hombre civil, un político, un hombre de ideales políticos, de partido si se quiere, y no un profesional del nacionalismo huero.[2] Y lo que durante la Revolución se llamaba en Francia un patriota, uno que luchaba contra la Europa coligada y contra los

---

[1] Jean Victor Moreau (1763-1813); French general.
[2] Lazare Hoche (1768-1797); French general.

emigrados, contra los realistas franceses, era un hombre de doctrina política. Era lo que hoy llamaríamos de izquierda.

En 1802, al anunciar la paz de Amiens, decía: 'Gobierno, primer cónsul; pero no es como militar, sino como magistrado civil... Es por cualidades civiles por lo que se manda... Una cualidad de un general es el cálculo: cualidad civil; es el conocimiento de los hombres: cualidad civil... yo gobierno porque la nación cree que tengo las cualidades civiles propias para el gobierno. Si no tuviera esa opinión, el Gobierno no se sostendría... Sabía yo bien lo que me hacía al tomar, siendo general del Ejército, la calidad de "miembro del Instituto"; estaba seguro de ser comprendido por el último tambor'. Y haciendo alusión a las conjuraciones, dijo esta frase profunda: 'César fue muerto por haber querido restablecer el orden civil por la reunión de todos los partidos...'. Y es que, al querer unir los partidos, o sea destruirlos, al querer establecer la paz civil, se mata la vida política.

Es que en Napoleón había el hombre primitivo, natural si se quiere, y el hombre civilizado, el humano. Alberto Sorel, en la parte sexta de su clásica obra *Europa y la Revolución francesa*[3] —de tanta actualidad en la Europa de hoy—, escribe (libro II, cap. III): 'El hombre de Estado en Bonaparte era el hombre aprendido, el hombre civilizado: su conquista, sobre sí mismo; el dominio, de su genio; y de ello sacaba su mayor orgullo. Pero el guerrero, el conquistador, eran el ser primitivo, el ser de instinto, la expansión natural de su genio'. Y cualquiera que haya leído con atención una biografía de Napoleón, una sobre todo en que, como en la de M. Sloane,[4] el autor se detenga en sus oscuros años juveniles de Córcega, en sus mocedades de torturado isleño rousseauniano, verá que era para político para lo que se preparaba, para gobernar. Y gobernar no es meramente mandar. Gobernar no es hacer cumplir las leyes tan sólo; es, sobre todo, legislar.

'Yo no sé nada de eso —nos decía una vez una autoridad—; yo no sé más que mandar'. Y quedamos pensando en que el que no sabe más que mandar, ni mandar sabe, porque para mandar hay que mandar algo y saber lo que se manda. Ocurriendo con esto lo que con la pedagogía, en que lo importante es el qué y no el cómo. Para enseñar bien, lo que hace falta es saber lo que haya de enseñarse, que el que sabe una cosa sabe enseñarla, y

---

[3] Albert Sorel (1842-1906); French historian who published *Europe et la Révolution Française* in eight volumes between 1885 and 1904.

[4] W. M. Sloane, *The Life of Napoleon Bonaparte*, 4 vols (New York: The Century Company, 1915). Unamuno owned volumes I and III (Valdés and Valdés, *An Unamuno Source Book*, p. 230).

si no la sabe enseñar, es que no la sabe. Esas actividades puramente formales, de mando o de enseñanza, suelen ejercerse en el vacío. Y ni siquiera el orden es una finalidad concreta y de fondo. El orden es algo también formal, porque hay muchos órdenes. Y 'hombres de orden', así, sin más, quiere decir tan poco como hombre de buena voluntad o como patriota. No siendo que esto de patriota tenga un contenido estrictamente político y de partido.

EL LIBERAL, Madrid, 9 February 1924

12
NADA DE PARTIDO NACIONAL
Debajo de esta denominación se encierra un engaño

Pues bien, no, señor mío; las razones que usted en su misiva me expone no me convencen; no pueden convencerme. Y como puede haber otros ciudadanos que de buena fe, de tan buena fe como usted, sientan como usted siente, quiero contestarle en público.

No; ni hace falta la formación de un partido nacional, ni entiendo qué pueda ser eso.[1] En política, se entiende. Y a los pueblos no puede gobernárseles, ni bien ni mal, sin política.

Política quiere decir civilidad, y un partido nacional, tal y como usted quiere entenderlo —y digo 'quiere' porque, en rigor, ni usted lo entiende—, no sería un partido civil, en el más noble y alto sentido de esta palabra. Y menos mal si no era un partido incivil.

Lo de partido nacional es políticamente tan absurdo entre nosotros como lo de partido católico. A nombre de catolicismo, de religiosidad católica, no se le puede imponer a nadie que sea monárquico o republicano, unitario o federal, proteccionista o libre-cambista, partidario de la docencia del Estado o de la enseñanza privada, socialista o individualista... y así con otras distinciones políticas que son esenciales para un partido. Y lo mismo ocurre si queremos tomar partido en esas y otras cuestiones políticas, en las esenciales, a nombre de la nacionalidad o del patriotismo. No; no hay una solución que pueda pretender ser más patriótica que otras.

Tomemos el problema de Marruecos. Usted pensará en él de un modo, yo de otro, y el de más allá de otro; quién por el puro protectorado civil, quién por el coloniaje, quién por la conquista asimilatoria, quién por el abandono total o parcial; pero ninguna de esas soluciones puede pretender ser más patriótica o más nacional que la otra.

Como tampoco a nombre de patriotismo se puede, fuera de partido, imponer el sufragio universal o el restringido, el voto de las mujeres o el de los analfabetos o el quitárselo, la representación por clases u otro arbitrio. Que no todos los patriotas estamos conformes en éstas y otras cosas, y el que discrepa de mí lo hace tan por patriotismo como yo al discrepar de él. Eso es política, y la política no puede hacerse sino a nombre de un partido

---

[1] Unamuno is once again reacting to Primo de Rivera's plan to set up a National Party. See p. 21, n. 1.

político. Y el patriotismo no es política, como la inteligencia no es, sin más, ciencia.

El patriotismo no tiene contenido doctrinal para formar un partido político, de gobierno; el patriotismo debe informar, y en rigor informa, a todos los partidos, hasta a los más opuestos. Los que el ex kaiser Guillermo II de Alemania llamaba los 'sin patria' eran tan patriotas como él. Y hay quien cree que más que él, pues que no identificaban la patria con su interés de familia y de persona.

¿La unión sagrada? Sí; en momentos de guerra con el extranjero, cuando el suelo patrio se ve invadido por el enemigo de fuera; pero contra otros adversarios −que no enemigos− no cabe unión sagrada. Por algo a la lucha de los partidos de un pueblo, cuando llega a cierto paroxismo, se le llama guerra civil. Soy liberal, y sin embargo jamás se me ha ocurrido poner en duda el patriotismo español de los carlistas que guerrearon de 1833 a 1840 y de 1873 a 1876.

Ni ese partido nacional en que usted sueña resolvería nada ni reconstruiría nada. Que no hay mayor vacuidad política que la de una agrupación de patriotas de buena voluntad. Estamos hartos de repetir que la buena voluntad no basta para gobernar. Y en cuanto esa buena voluntad se sirve de una idea, esta idea es una idea política y de partido.

¿Unión sagrada? Unión sagrada hubo en España después del 2 de mayo de 1808, cuando la invasión napoleónica. Uniéronse los constitucionales y los absolutistas para rechazar al extranjero invasor; uniéronse los que luego habían de luchar entre sí en la guerra civil. Y debieron haberse unido en 1823 cuando los soldados extranjeros, invasores, del duque de Angulema entraron en España a imponer un régimen. Que era tan imposición como la de la realeza de José Bonaparte. Pero los que estimaron antipatriotas a los españoles que se pusieron al servicio del rey José creían muy patriotas a los que acudieron al ejército francés para imponer el absolutismo del rey Fernando, para derrocar la Constitución.[2] Y tan extranjeros eran los soldados de la Santa Alianza como lo habían sido los de la Revolución; tan extranjeras e intrusas e invasoras eran las huestes de Luis XVIII el Borbón de Francia en 1823, que venía a ayudar a su primo y a no [*sic*] servir a

---

[2] On 7 April 1823, a French army, known as the 'Hundred Thousand Sons of St Louis', invaded Spain in order to bring to an end the three years of the Liberal constitution (1820-1823) and restore absolutist rule under Fernando VII.

España, como lo habían sido las del emperador de la República francesa, la de la gran Revolución, en 1808.

No, no; nada de Gobiernos nacionales. Debajo de esta denominación se encierra un engaño. Que no es sólo la vacuidad de contenido político, gubernamental; es algo peor. Nada de monopolio del patriotismo ni de ortodoxia de él. Por patriotismo, por patriotismo civil y consciente, queremos política. Y que los que no tengan más que buena voluntad se arrinconen. La voluntad, aunque sea buena, sin doctrina política hace daño.

EL LIBERAL, Madrid, 14 February 1924

13
HAY QUE LEVANTAR LA CENSURA

Una buena parte de la prensa de Madrid, y a su cabeza *El Liberal*, han emprendido una acción para que se levante la previa censura, considerándola ineficaz y bastante contraproducente. Así lo creemos. Como creemos que la previa censura es más un gesto que otra cosa.

En primer lugar, es dificilísimo encontrar quienes la ejerzan a satisfacción completa de quienes la establecen, dado que apenas hay quien sea censor por vocación y gusto, sino cumpliendo un cometido en general nada grato. Y es tan difícil censurar equitativamente a criterio ajeno como es difícil juzgar con sereno espíritu de justicia cuando se sabe que el juez puede ser condenado por lenidad de juicio si no satisface el sentido de sus superiores. ¿Qué hombre de ilustrado criterio es capaz de distinguir, por ejemplo, entre crítica negativa y positiva?

Agréguese que algunos de los censores han sido publicistas, periodistas acaso, y tienen el sentido del productor y no el del consumidor de literatura periodística.

Y ahora vamos a citar algunos casos de que tenemos directa e inmediata noticia.

Hace ya días enviamos al semanario *España* de Madrid un artículo titulado 'San Carlos en Arameo', en que decíamos en sustancia lo mismo que en el que bajo el título de 'Un deber de la Iglesia' se nos publicó en estas columnas el día 20 de enero.[1] El director de *España* nos devolvió el artículo porque había sido tachado por entero. Conociendo lo que pasa, lo enviamos a otro semanario, *Nuevo Mundo*, y apareció en éste, entero y sin la menor poda, el día 8 de febrero. ¿Es que lo que es perfectamente inocente en el *Nuevo Mundo* es tendencioso en *España*? No; es que no cabe ejercer bien la censura cuando el censor teme ser censurado a su vez.

Pero hay otro caso más reciente. En nuestro último artículo en estas mismas columnas, el que bajo el título de 'Socialistas y republicanos' apareció el día 13 de este mes,[2] había al principio de él —lo recordará el

---

[1] The article referred to is actually entitled 'San Pablo en arameo' and is reproduced in *Obras completas*, VII, 1186-87. 'Un deber de la iglesia', first printed in *El Mercantil Valenciano*, 20 January 1924, can be found in Roberts, 'Unamuno contra Primo de Rivera', pp. 101-02.

[2] Reprinted in Roberts, 'Unamuno contra Primo de Rivera', pp. 104-06.

lector– un inciso que decía: 'Y nunca ha habido en España más republicanos que ahora los hay', y a su final, hablando de Inglaterra, esto: 'donde no corre esa monserga de la cosoberanía, donde la gracia de Dios se deja para el mundo íntimamente religioso'. El censor de Valencia, con muy buen sentido, con buen sentido de buen monárquico –es de creer que lo sea–, dejó pasar, ¡claro está!, esos dos incisos, pues el primero es una apreciación de hecho opinable y el otro es un dato de cómo se entiende en Inglaterra la institución monárquica. Pero al reproducir *El Socialista* de Madrid ese artículo el día 15, le fueron tachados esos dos incisos.

Podrá haber quienes crean que ha habido en España épocas en que había más republicanos que hoy los hay; pero lo que sí podemos asegurar [es] que el impedir que se diga públicamente que hoy los hay más que antes de mediados del último septiembre no contribuye en nada a que no aumente su número, sino acaso a todo lo contrario. Con esa manera de ejercer la censura, no se protege en nada a la institución monárquica. Y entendiéndolo así, seguramente, nuestro censor de Valencia, de cuyo monarquismo no tenemos por qué dudar, dejó pasar ese juicio histórico.

Otros casos podríamos citar, como el de quien con párrafos tachados de diferentes artículos compuso uno nuevo y apareció éste sin una sola tachadura. Y podemos comprobarlo documentalmente.

Dice la prensa de Madrid, que ha emprendido esa acción contra la previa censura, que semejante restricción es causa de que circulen los más absurdos rumores y de que tomen cuerpo suposiciones gratuitas. Diremos más, y es que hay huecos, como hay silencios, mucho más demoledores que cualquier escrito o cualesquier palabras.

Esto sin tener en cuenta la literatura clandestina, las hojas –a las veces actas– que corren a hurtadillas de unos en otros. Y a las que acaso se les aumenta con algo de una en otra reproducción.[3]

Hace poco se nos quejaba un político de izquierda de las cosas que fuera de España publican los españoles, y le contestamos que en gran parte era culpa de la previa censura; que hay quien no se resigna a que no se limpie cierta ropa sucia, y cuando no le dejan limpiarla en casa la envía a otra para que en ella la limpien. Porque si la ropa sucia hay que lavarla en casa, es menester que sea permitido lavarla en ella y ponerla luego al sol, en el corral doméstico.

---

[3] A little over six months after writing this article, Unamuno, now in exile, would himself be writing for clandestine magazines.

Los políticos del antiguo régimen... Pero ¡no!, no es eso, sino antiguos políticos del régimen, porque el régimen, el que hemos llamado siempre el régimen, el monárquico tradicional, es el mismo, y no sabemos que España cambiara de régimen el 13 de septiembre de 1923. Y nos parece que a los que está preparando el terreno el Directorio no es a políticos de un nuevo régimen, sino a nuevos políticos del régimen. Por lo cual, cuando con evidente ligereza se habla del nuevo régimen, contestamos que no vemos la novedad. Y si no creyéramos ir acaso a perder el tiempo y el trabajo, por obra de la censura a los censores, explicaríamos esto de que no vemos la novedad. Podrá decirse que estamos ciegos o cegados; pero no lo vemos. ¿De régimen? No, no vemos la novedad. Y si los censores de los censores la ven, que nos la muestren. Para lo cual hay que levantar la censura previa.

EL MERCANTIL VALENCIANO, Valencia, 19 February 1924

14
VAGANCIA MENTAL

M. Bataillon,[1] actualmente en el Instituto Francés de Lisboa, es uno de los jóvenes investigadores de cosas de la España que fue que mejor conocen la historia íntima de la Inquisición española y su manera de proceder. De ello hablábamos cuando nos dio en Salamanca las interesantísimas conferencias –dichas, no leídas, y en correctísimo castellano, que maneja a la perfección– sobre los erasmianos españoles y sobre los procedimientos de la Inquisición en contra de ellos.

Hablábamos de lo que se ha llamado la leyenda negra de la Inquisición y de la contraleyenda de Don Marcelino Menéndez y Pelayo, el abogado que escribió el alegato de la *Historia de los heterodoxos españoles*, que es una de las más sutiles falsificaciones.[2] Y me decía que esa contraleyenda es más leyendaria que la otra. Y es porque no sirve querer poner la patria sobre la verdad. El amor a la patria no puede ser más que el amor a la verdad de la patria y el firme propósito de decirle a ésta la verdad siempre.

Ultimamente, antes de ser traído aquí,[3] estuve repasando el proceso inquisitorial de Fray Luis de León, y pude percatarme de cuánta razón tiene M. Bataillon. Ese proceso es un patrón de mezquindad, de inepcia, de majadería y, sobre todo, del estallido de la envidia de pobres frailucos atiborrados de bazofia escolástica –de las heces del escolasticismo, que tenía su crema y su flor–, con asiento de sentido común agarbanzado e incapaces de sentido propio. Asombra aquel cúmulo de tonterías.

Porque lo terrible, lo fatídico de la Inquisición, lo que hizo que embruteciera a España, no fue su violencia. Los autos de fe y los quemaderos tienen cierta grandeza trágica, como la tiene siempre la violencia; como la tuvo la Revolución francesa; como la ha tenido la Revolución rusa. Lo degradante para España, lo que pone de manifiesto el cáncer que la devoró desde el siglo XV, desde que acabó el reinado de los

---

[1] Marcel Bataillon (1895-1977); eminent French hispanist who would go on to write *Érasme et l'Espagne* (1937).

[2] Menéndez y Pelayo (1856-1912); literary historian whose *Historia de los heterodoxos españoles* (1880-1882) (3 vols) is a traditionalist history of religion in Spain.

[3] Unamuno is now writing in Fuerteventura, where he was exiled in February 1924.

Reyes Católicos y empezó el de la envidia demagógico-imperialista, es lo que se ve en los procedimientos inquisitoriales que no eran de violencia material. La soplonería, por una parte. Soplonería de pobres mentecatos que no entendían ni lo que oían ni lo que leían; de pobres gaznápiros a quienes se les antojaba gravedad herética cualquier vocablo que oían por primera vez y cuyo significado no se les alcanzaba.

Pero más fatídico y más terrible, más degradante para España que la soplonería de los soplones era el que se les diese oídos y el que se procediera sobre sus informes. Y no porque esto supusiera en los inquisidores malas pasiones, no; sino porque se veía que la mentalidad –mejor, desmentalidad– de los definidores del Santo Oficio no era más sana que la de los soplones. Lo que hemos visto de manifiesto en los procesos que nos ha sido dado recorrer es la mentecatez, rayana a las veces en imbecilidad, de los que los promovían. No discurrían, ni con palabras siquiera.

Aunque no es exacto decir que los definidores del Santo Oficio no estuviesen movidos de malas pasiones. Lo estaban, y de la peor, de la más devastadora de las malas pasiones, del más pavoroso de los vicios, del vicio de Caín. ¡Pero, no; de Caín, no!, porque Caín, según el Génesis, envidiaba la gracia que su hermano Abel hallaba a los ojos del Señor; pero a Caín se le supone inteligente. Y hay un vicio trascainesco –permítaseme la expresión– sin la grandeza trágica del vicio del hermano de Abel. Es el odio que a la inteligencia y, sobre todo, a la personalidad, a la originalidad, profesan los tontos enconados, los esclavos de la ramplonería, los siervos del mero sentido común.

La ramplonería de lo que, por llamarle de algún modo, se ha llamado 'filosofía española' desde Carlos I hasta Fernando VII, es algo que pone espanto. Ni aquello es filosofía ni cosa que lo valga. Sólo se salva algún hereje, es decir, alguno que pensaba por su cuenta. Que esto, y no otra cosa, quiere decir hereje: el que posee sentido propio. Y el hereje tenía que ir a parar en heterodoxo, tenía que pensar de otro modo que como se expresaban –no pensaban– los demás; tenía que pensar. Y de aquí el odio de los que no podían pensar.

Hoy los jesuitas –quintaesencia de la ramplonería en España– tienen un vocablo con que expresan todo su odio impotente a la inteligencia. Ese vocablo es: extravagancia. Y lo que no es extravagancia no es sino vagancia. Vagancia mental.

LA LIBERTAD, Madrid, 25 May 1924

15
EL VICE-IMPERIO IBERO-AFRICANO

Don Alfonso XIII, el último Habsburgo coronado, se propuso, así que llegó a reinar en España, reparar el desastre de la Regencia, el de 1898, la pérdida de Cuba, Puerto Rico y Filipinas –la de Filipinas se debió sobre todo al asesinato del noble tagalo Rizal.[1] Con tal propósito preparaba –¡pobre Canalejas![2]– la conquista de Portugal y soñaba en la de Marruecos por guerra de Cruzada. Una vez declaró a su Ministro el Sr. Alcalá Zamora[3] que sólo esperaba la mayor edad del desgraciado Príncipe de Asturias –ex futuro Alfonso XIV– para intentar establecer el poder personal, declarándose emperador y rey absoluto, y si le fracasaba, abdicar en su hijo. Con tales designios, durante la Gran Guerra se mantuvo al lado de los Imperios centrales en espera de que, vencedores ellos –así lo creía él–, le darían Gibraltar, todo Marruecos –Tánger incluído– y Portugal, quedándose Alemania con las colonias de éste. Y así se establecía lo que hemos llamado el Vice-Imperio Ibero-Africano.

Siendo ministro de Estado el Marqués de Lema,[4] el Rey, actuando anti-constitucionalmente de agente diplomático –se cree ¡el pobre! con dotes de tal– le dijo que se iba a Londres a arreglar lo de Tánger. De Londres y de París, donde se detuvo luego, volvióse a España echando chispas. Habíanle desahuciado haciéndole ver que mal podía pretender un protectorado sobre Tánger, un Estado –no digamos nación, porque la nación y el pueblo permanecían extraños a esos ensueños imperialistas y pretorianescos– un Estado que no sabía pacificar el Rif, llevando una Cruzada contra todos los derechos de gentes y de humanidad. Entonces fue cuando el Rey pidió al

---

[1] José Rizal (1861-1896); Philippine nationalist who was wrongly accused of being involved in a plot to overthrow Spanish rule and was executed by the Spanish military authorities in Manila.
[2] See p. 46, n. 12.
[3] Niceto Alcalá Zamora (1877-1949); Liberal politician and Minister of War in the García Prieto Government (December 1922-September 1923).
[4] Salvador Bermúdez de Castro, Marqués de Lema (1863-1945), had been foreign minister on several occasions, most recently between 1919 and 1921.

General Fernández Silvestre,[5] mucho menos civilizado que los moros, que tomase Alhucemas para poder exigir Tánger.

El Silvestre le prometió que el día de Santiago Matamoros ondearía en Axdir la bandera del Rey. Y vino lo de Annual, debido más aun que a impericia militar o a cobardía, a que la campaña de Marruecos era impopular, inmoral e injusta.[6] Y empezó el clamoreo pidiendo responsabilidades, no sólo militares sino administrativas, por la sangría y el robo sueltos de Marruecos... Era la minoría socialista del Congreso la que llevaba en ello la voz cantante, como en pedir el abandono, por humanidad y por justicia, de Marruecos.

Inmediatamente los pretorianos y el Rey se propusieron ahogar lo de las responsabilidades, y eso aunque el Rey me dijo a mí mismo —y Romanones lo oyó— que sí, que había que exigir todas las responsabilidades y las de todos, *hasta las mías* —añadió— *si me alcanzasen.*[7] A la vez, los pretorianos rapaces e inhumanos —su cabecilla el General M. Anido[8]— se indignaban por el rescate de los cautivos de Annual y pedían el desquite, como si se tratara de un duelo. Tal era el origen de la inquina contra el Sr. Alba, de quien el Rey decía que quería entregar Marruecos a los colonistas franceses.[9] A lo que hay que agregar que el Sr. Alba era el mejor enterado de las depredaciones y robos y chanchullos de los jefes pretorianos en Africa. Y así se preparó el golpe de Estado del 13 de septiembre de 1923.

No lo preparó el botarate de Primo de Rivera, patente mentecato, lo que no quita que sea mal sujeto, henchido de ruines y rastreras intenciones y de pésima fe. Primo redactó el grotesco y soez manifiesto, el de la casta y la *masculinidad* y la invitación a la delación anónima y las calumnias. El pronunciamiento se dirigió desde San Sebastián, donde estaba [*sic*] el Rey

---

[5] See p. 13, n. 2.

[6] The Spanish defeat at Annual (21 July 1921) was a direct result of General Silvestre's attempt to take Alhucemas.

[7] See p. 14, n. 3. As Unamuno was to make clear in the 'Conferencia dada en el Ateneo de Madrid el día 2 de mayo de 1930' (reprinted in Unamuno, *Dos artículos y dos discursos*, p. 66), the King pronounced these words during the royal audience with Romanones and Unamuno in May 1922. See p. 38, n. 17.

[8] See p. 13, n. 2. Martínez Anido was by this time Primo de Rivera's Minister of the Interior and Unamuno's sworn enemy.

[9] See p. 16, n. 2. Santiago Alba was vilified and used as a scapegoat by Primo de Rivera. He fled into exile shortly after the coup d'état.

y el M. Anido al teléfono, en la sucursal del Crédit Lyonnais. No lograron
el Rey y sus pretorianos coger al Sr. Alba para fusilarlo. Y se inauguró lo
que llaman Dictadura y es tiranía pretoriana, con que se atropella más aun
que a la Libertad a la Justicia. Los pistoleros asesinos entraron al servicio
de Gobernación. Y así los bomberos dejaron de provocar incendios. Aunque
no del todo.

Y seguía lo de Tánger. El botarate Primo se fue a Marruecos a intentar
una retirada, acaso para crear un conflicto a Francia; pero tuvo que
retractarse y se entró en el convenio franco-español para la toma de
Alhucemas y la captura de Abd el-Krim, que había de ser el desquite
duelístico de lo de Annual y la prenda para exigir de nuevo Tánger.[10] Ya el
Rey había calificado solemnemente, en un disparatado discursete ante el
Papa, de *Cruzada* la operación de policía para establecer el protectorado *civil*
en el Rif.[11] Con la ayuda terrestre y marítima del ejército francés, se logró
la modestísima toma de Alhucemas, a la que de una manera grotescamente
cómica se le quiso dar el alcance de una victoria épica. Mas el pueblo
permaneció frío y el monumento conmemorativo de aquella acción hubo que
elevarlo dentro del Ministerio de la Guerra. A nadie engañó el simulacro. Ni
se rindió Abd el-Krim, sino algo más tarde, después de unas negociaciones
y teniéndole que dar *diez millones de pesetas*. Y se rindió a los franceses,
con la garantía de ser tratado como un jefe enemigo beligerante y no como
un faccioso rebelde.[12] El verdadero rebelde –rebelde a la civilidad y a la
humanidad– había sido el General F. Silvestre.[13] Aquella entrega del
caudillo rifeño hirió en lo vivo a los duelistas matones del pretorianismo
imperialista del Estado de Alfonso XIII –no quiero llamarle español.

---

[10] Abd el-Krim was the leader of the Moroccan forces which defeated
the Spanish at Annual. On 21 July 1925, the French and the Spanish
formally agreed to coordinate their campaigns against Abd el-Krim.

[11] The King told Pope Pius XI during this meeting in November 1923
that 'Si en defensa de la fe perseguida, nuevo Urbano II, levantárais una
nueva cruzada contra los enemigos de nuestra sacrosanta religión, España y
su rey jamás desertarían de su puesto de honor' (reported in D. Abad de
Santillán, *De Alfonso XIII a Franco* (Buenos Aires: Ed. Argentina, 1974),
p. 107).

[12] The Spanish forces succesfully landed at Alhucemas on 7 September
1925. On the same day, the French started an offensive against Abd el-Krim
which ended with his surrender on 27 May 1926.

[13] See p. 13, n. 2.

A todo esto, en España no había Parlamento ni corporaciones de sufragio popular, a pesar de que Don Alfonso prometía su reestablecimiento por dos veces a M. Briand y a otros.[14] Pero no veía el modo de evitar que se les pidiese cuentas a los pronunciados del 13 de septiembre, a los tiranuelos de la dictadura y a él mismo. El 13 de septiembre de 1924, en el primer aniversario del garrotazo de Estado, el Rey mismo le dijo a un amigo mío: 'Esto pasará y se hará justicia a todos'. Es lo que el Sr. Sánchez Guerra pidió en Vitoria.[15] Pero lo que no se quiere es justicia, y para evitar que se haga justicia se mata la libertad. Porque sin libertad no se puede hacer justicia; ¡libertad de la Verdad!

Por no haber Parlamento ni autoridades populares de sufragio libre, por no ser España nación democrática y libre y constitucional, no pudo seguir en la Sociedad de Naciones. Y por eso mismo no puede reclamar el protectorado sobre Tánger. ¿Protectorado? ¿Y quién protegerá de los protectores a los protegidos? ¿De esos protectores que atropellan el derecho y la justicia y la dignidad, y en España misma tratan a los ciudadanos como a siervos sin derechos, estableciendo el robo de Estado, como en las multas llamadas 'extralegales', y el asesinato de Estado, como en lo de los primeros sucesos de Vera?[16] No; los de la innoble y salvaje e inhumana Cruzada del Rif no pueden pedir la regencia de Tánger. ¿O es que se quiere hacer de Tánger −lo que queda del ensoñado Vice-Imperio Ibérico Africano− un otro Principado de Mónaco, con M. Marquet de Gran Visir, y en que alguna vez vaya a tallar, rodeado de sus caudillos bien alumbrados, el Príncipe mismo? ¡Que todo pudiera ser!

---

[14] Aristide Briand (1862-1932); French Foreign Minister and later Premier.

[15] José Sánchez Guerra (1859-1935); Conservative leader and ex-Prime Minister (March-December 1922) who later opposed the Dictatorship and told Alfonso XIII in June 1926 to dismiss Primo de Rivera.

[16] On 7 November 1924, two Civil Guards were killed at Vera de Bidasoa in a skirmish with a group of Spanish émigré workers who were delivering clandestine literature across the French-Spanish border. Thirty-six workers were detained and later tried in a military court. They were all acquitted or given light sentences owing to lack of evidence. Primo de Rivera was outraged by the verdict and had them retried, this time by the Consejo Supremo de Guerra y Marina, which sentenced three of them to death. Two of these were executed and the third committed suicide as he awaited execution.

¡No! Al pueblo español, al verdadero pueblo, le tiene sin cuidado lo de Tánger. Y a los que ven lejos y hondo les preocupa ese aspecto de desquite duelístico mezclado con matonerías de timba. Y comprenden que la dignidad y la civilidad de España no pueden quedar bien si no queda mal la pretorianería. Como comprenden también que, si los ejércitos son para evitar guerras y no para provocarlas, no se puede hacer ni guerras ni guerrillas para los mercenarios del ejército y para ascensos y recompensas y obvenciones.

HOJAS LIBRES, Bayonne, Year 1, No. 1 (1 April 1927)

16
¡VUELTA A LA ASAMBLEA!

Tenemos que insistir. Todo el tiro de ese artilugio desvencijado de la Asamblea Consuntiva no era sino acercarse, si es que no llegar, al borrón y cuenta nueva, al abrazo de Vergara, a la reconciliación de los antiguos y los más antiguos políticos, que es lo que vienen buscando casi desde el pronunciamiento los conjurados de la tiranía pretoriana española.[1] Aunque... ¿española? pero, en fin, quede, ya que es España la que la sufre. La Asamblea Consuntiva, que no había de ser sustitución de las Cortes según declaración tiránica, no tendió más que a preparar, mediante una ficticia oposición, el arreglo. Arreglo que sí cifraba en: 'renunciamos a pediros cuentas y renunciad a pedírnoslas, y así aquí no ha pasado nada'.[2] Mas como siempre les quedaba a los tiranuelos el temor de que los opositores de real orden se corrieran a hablar claro, a acusar de veras, idearon celebrar la Asamblea en una campana pneumática y hacer pasar por rigurosa censura los extractos de sus sesiones. Pero gracias a la patriótica actitud del Sr. Sánchez Guerra[3] y al espíritu liberal de las honradísimas masas obreras de la Unión General de Trabajadores, las esperanzas de los tiranuelos se chafaron. Y dicen que al saber la resolución de la UGT, el M. Anido, el que había llamado a la Unión Patriótica a republicanos y socialistas, casi bramaba.[4]

---

[1] Primo de Rivera set up the Asamblea Consultiva on 12 September 1927.

[2] Unamuno often referred to this 'arreglo' in his *Hojas Libres* articles. See '¿Borrón y cuenta nueva?', *Hojas Libres*, Año 1, Número 4 (1 July 1927); reprinted in Comín Colomer, *Unamuno libelista*, pp. 110-13.

[3] See p. 62, n. 15. Sánchez Guerra claimed that the Asamblea Consultiva's plan to draw up a new Constitution was illegal. Soon after, he went into voluntary exile. Then, in January 1929, he took part in a conspiracy against Primo de Rivera which led to his arrest and trial. See Ben-Ami, *Fascism from Above*, pp. 367-68.

[4] See p. 60, n. 8. The Socialist trades union Unión General de Trabajadores (UGT) — and the Partido Socialista Obrero Español (PSOE) — avoided confrontation with Primo de Rivera during the first years of the Régime. However, it refused to have anything to do with the Dictator's plans to set up the Asamblea Consultiva. See Ben-Ami, *Fascism from Above*, pp. 225-26.

Había, sin embargo, que seguir con eso de la Asamblea y aun despúes de fracasada su finalidad. Había que dar, para los papanatas de dentro y de fuera de España, la sensación de que la tiranía pretoriana se deja discutir. Y no han faltado bellacos que se han prestado a esa farsa de una oposición de comedia. Farsa, que así la llamó en la primera sesión del conventículo el vehemente Pérez Bueno, asambleísta, que tanto soñó en llegar a diputado y ahora se resigna mansamente a serlo de mentirijillas y se confiesa recluta. Eso de *¡esto es una farsa!* lanzado en medio del bertoldesco sainete,[5] cuando el Primo se iba tan orondo a jugar al juego de las interpelaciones, le sacó, parece, de sus casillas al pobre farandulero, y amenazó con apretar las clavijas a los mansos borregos que debían haber ido a admirarle. Y con ello pudo decirse que la sesión había sido movida. Vamos, sí: contoneos, meneos, ademanes, manoteos al aire y algún que otro son del cencerro del cabestro que presidía la sesión sin dirigirla. ¡Lo que dirían las secretarias!

Y luego el que se hace llamar el Presidente —del consejo de asistentes a la tiranía— se va a no sé qué sección de la Asamblea a deponer —¡vaya deposición!— en secreto sus luminosas ideas sobre la reforma de la Constitución.[6] Reforma que constitucionalmente no puede hacerse sino con Cortes de sufragio popular, con verdaderas Cortes, es decir legislativas y no consultivas. Con lo que se evidencia que eso de que la Constitución no está derogada sino en suspenso y que la Asamblea no es sustitutiva de las Cortes no pasa de ser una mentira más, como todas las mentiras cobarde. Porque esto es lo repugnante de la tiranía española: su régimen de mentira, de cobardía. Quieren mantener ante el mundo la ficción de que se respete la voluntad nacional y hacen cuanto pueden para que esa voluntad no se manifieste. Y hay menguados políticos, sedicentes civiles y aun liberales, que se prestan a la bochornosa farsa. Entre ellos algunos de los que se han pasado años invocando la ciudadanía.

¿Reforma de la Constitución? Ésas son ahora pataratas. Para poder reformarla hay que restablecerla, y al restablecerla lo primero es hacer justicia, liquidar el pronunciamiento del 13 de septiembre de 1923, enjuiciar

---

[5] 'Bertoldesco sainete': Bertoldo was a stock peasant character from the Italian commedia dell'arte whose main characteristics were naivety and stupidity.

[6] Several people made up the Presidency of the Asamblea Consultiva, including the aforementioned Fernando Pérez Bueno, but the most prominent was José de Yanguas Messía, who had been a prime mover in the Unión Patriótica and later Primo de Rivera's Foreign Minister.

y ajusticiar a unos y a otros. ¡Justicia, justicia y justicia! Es lo que pedimos: ¡justicia!

Todos los proyectos de reforma constitucional que se están friendo en la churrería de Jurisprudencia y Legislación: y ese amasijo de rábulas y pretorianos en todo piensa menos en la justicia. No esperamos de la jurispericia del Conde de la Mortera,[7] con su ideíca del Presidente del consejo por sufragio universal, más que de la masculinidad, ya en jubilación, de Primo de Rivera. Bien que éste ahora parece querer jugar al estadista. Como que uno de sus bufones –el campanudo y solemne, el que hace de bajo en la pieza– le ha equiparado con Pitt, Cavour y Bismarck. ¡Lo que va a salir de esa cholla!

Ahora lo que sí parece es que los asambleístas andan bastante corridos y dándose cuenta del papelito de comparsa que les hacen hacer. Porque hay que ser muy Goicoechea-Cuscullela para tomarlo en serio.[8]

En cierta ocasión nos decía un ex socialista que todo el debate en el siglo XIX se llevó en España entre militares y abogados. Sabido es el horror que los militares ingenuos y sencillos tienen a la abogacía. Pero los caudillos pretorianos, los de los pronunciamientos, siempre han presumido de abogacía. Y no la hay más dañina que la castrense. Como por otra parte no hay peores abogados, más bajamente abogadescos, que los que, como La Cierva,[9] aspiran a nutrirse de sustancia militar. Y este funesto mestizaje es el que da color y tono a la Asamblea Consuntiva.

Hay en ésta, según parece, una comisión encargada de estudiar las responsabilidades políticas del llamado antiguo régimen. Más de cuatro años lleva en el poder el que llaman nuevo y no ha sabido concretarlas. ¡Como que al intentar hacerlo tropezaba con su propia culpa! Pero esa comisión no es más que un *chantage*. Es una forma de llamar a componenda a los que

---

[7] Gabriel Maura y Gamazo, Conde de la Mortera (1879-1963), had been a Conservative politician in the 'Old Régime' and now formed part of the Asamblea Consultiva.

[8] Antonio Goicoechea-Cuscullela (1876-1953) had been a Conservative politician in the 'Old Régime' and formed part of the Constituent Committee within the Asamblea Consultiva. At this time he was leaning towards fascism, and he would later take an active part in the Nationalist uprising of July 1936.

[9] Juan de la Cierva (1864-1958), like the previously mentioned Antonio Goicoechea, formed part of the Constituent Committee within the Asamblea Consultiva.

llaman antiguos. Que es –hemos insistido, insistimos e insistiremos en ello cuando sea preciso– todo lo que se busca. Inútilmente, por supuesto.

Y para concluir por hoy: ¡justicia, justicia y justicia! Si el Sr. Sánchez Guerra ha tenido que salir de su patria, no es porque en ella no haya libertades, es porque en ella no hay justicia ni trazas de que se la busque; si yo no puedo volver a mi patria, no es porque en ella se me impediría enseñar libremente lo que es de mi deber enseñar, sino porque en ella no hay justicia. Ningún ciudadano digno puede vivir dignamente donde se castiga sin declarar el motivo del castigo, donde se encarcela sin proceso ni acusación siquiera, donde se le cierra el camino que para su defensa le da la ley.

'Esto pasará y se hará justicia a todos' le dijo el 13 de septiembre de 1924, en el primer aniversario de la coz de Estado, Don Alfonso a un amigo mío, a quien le llamó para decirle entre otras cosas –las tengo en carta– eso. Y como tiembla de la justicia y ¡a todos! –por lo tanto *eso* no quieren que pase. Que no es al Parlamento, es a la Justicia a lo que temen.

HOJAS LIBRES, Bayonne, Year 1, No. 8 (1 November 1927)

68

17
EN MEMORIA DE BLASCO IBAÑEZ

Ha muerto Blasco Ibáñez (q.d.D.g.) y ha muerto en la brecha.[1] Su muerte ha sido un acto; un acto civil, político; un acto de vida. Ha muerto como desterrado activo de su patria —su destierro era acto— y al ir a morirse declaró que ni vivo ni muerto quería volver a su patria mientras deshonrara y encadenara a ésta la tiranía. Por eso no se llevó su cadáver a su Valencia, a su España. Se le llevará cuando Valencia, cuando España, se haga, rompiendo sus cadenas, digna de recibirle.

No voy ahora a hablar aquí del novelista, del literato. No me interesa ahora y aquí la novela, sino la historia, y menos la literatura. Literatura deriva de *littera*, letra, es algo así como *letraria* o *letraduría* —a escoger—, y aquí tratamos de espíritu, es decir, de ciudadanía, de política. Porque la ciudad hace el espíritu y el espíritu hace la historia. Blasco Ibáñez el novelista, el literato, ya obtuvo en vida su recompensa de tal. Quiero hablar del ciudadano, del político.

Y no el de la política que ejerció cuando dirigía sus huestes republicanas en Valencia, cuando hacía, como diputado a Cortes, campañas en el Parlamento, cuando escribía artículos que le llevaban a la cárcel.[2] Conozco mal su actuación en aquella época, ya que entonces vivía yo alejado de aquella política electoral y parlamentaria, aunque dedicado a otra. Quiero hablar de la política que hicimos juntos en el destierro, como desterrados, combatiendo por la honra de España. Pues fue él, Blasco Ibáñez, quien propuso que llamáramos 'España con Honra' a aquella revista semanal que hacíamos en París, tratando luego de introducirla en España.[3] Y a la vez

---

[1] Blasco Ibáñez died in exile in Menton on 28 January 1928.

[2] Blasco Ibáñez had been imprisoned on a number of occasions in the 1890s for his anti-monarchical ideas and his support for the Cuban struggle for independence from Spain. During the early 1900s, he represented Valencia in the Cortes.

[3] *España con Honra* was published in Paris between 20 December 1924 and 10 November 1925. The main contributors were Blasco Ibáñez, Unamuno and Eduardo Ortega y Gasset, the brother of the philosopher and future editor of *Hojas Libres*. For the moment, only one of the articles that Unamuno wrote for *España con Honra* has come to light: 'No cabe elevar

dimos un mitin juntos en París en que hablamos él, Blasco Ibáñez, Eduardo Ortega y Gasset y yo entre otros. Aún le recuerdo en aquel acto, y cómo respondía a los comunistas y sindicalistas que querían llevarle a su terreno. Por ahora ésta es nuestra obra —venía a decirles— después vosotros 'la continuaréis'. Los que hayan leído su folleto *Lo que será la República Española*[4] —¿Y esto? ¿Quién lo sabe?— saben dónde se detenía. Ni vamos a juzgar si hacía bien o mal en ello; consignemos un hecho. Por lo cual hubo quien le llamó conservador a aquel a quien los tiranuelos de España trataron de presentar como un desaforado anarquista —hay anarquistas aforados y al servicio del Ministerio de la Puerta del Sol— y como un antipatriota.

Lo que traigo aquí a propósito de lo que ocurrió con ocasión de aquella infame celada policíaca —es decir: demoníaca— de Vera. Los tiranuelos pretorianos de España saben mejor que nosotros, que vaga y oscuramente lo sabemos, quiénes y cómo y con qué fines lanzaron a aquellos pobres ilusos a la disparatada aventura de entrar por la frontera, a pie y sin más que pistolas, a hacer la revolución. Esos tiranuelos empezaron desde luego a propalar que éramos nosotros, Blasco y los que con él llevábamos en París la campaña contra la tiranía pretoriana que desencadenó Don Alfonso XIII, los que habíamos inducido a los provocados a la aventura. Así lo dijo un horrible diario, cifra y compendio de la más negra perversidad, que cultiva en Madrid sistemáticamente la mentira y la perfidia. Cierto es que nosotros, Eduardo Ortega y yo con él, con Blasco, firmamos luego una protesta contra la ejecución —el más repugnante crimen de la tiranía— de los apresados en Vera sin prueba alguna de su culpabilidad y después de haberlos absuelto un primer tribunal. Y por haber firmado aquella protesta nos procesaron. Parece ser también que se nos procesó como inductores de la intentona, a sabiendas de que no lo habíamos sido, y que luego, en un juicio, se nos absolvió de ello y no se publicó esta absolución.[5] Pero hay más.

---

el tono', reproduced in Ouimette, 'Unamuno, Blasco Ibáñez and *España con Honra*', pp. 320-21.

[4] Published in Paris, May 1925.

[5] See p. 62, n. 16. The chief of the Civil Guards involved in the Vera skirmish later claimed that Luis Fenoll, a police chief from the Dirección General de Seguridad, had engineered the whole affair so as to discredit the Spanish dissidents living in France, especially Blasco Ibáñez, Unamuno and Eduardo Ortega y Gasset (see Abad de Santillán, *De Alfonso XIII a Franco*, pp. 110-12). Unamuno himself corroborates this story in *Cómo se hace una*

Hay más y es que cuando estaban en espera de ejecución de la sentencia los condenados a muerte, un hediondo sicario que hace de jefe de policía en Guipúzcoa y responde al nombre de Antonio Santos fue a decirles a los que fueron agarrotados que, si declaraban que nosotros les habíamos inducido a su intentona, serían indultados de la pena de muerte. Y aun hubo algo más horrible todavía. Al fin los pobres fueron agarrotados, menos uno que se arrojó de lo alto de la prisión regando la tierra con su sangre. Adivinaba acaso lo que una vez me dijo Don Alfonso XIII de Borbón y Habsburgo-Lorena —lo oí con mis oídos y lo oyó con los suyos Romanones— que la muerte en garrote es 'al menos sin efusión de sangre'. Pero allí hubo efusión de sangre, como la hubo en el asesinato del teniente de artillería Sr. Tordesillas. Y luego el lóbrego y tenebroso M. Anido dice que, si alguna vez se faltó a la justicia, fue por conservar el orden. ¡El orden! El de los asesinos y ladrones. Pero aún es peor lo que el Primo de Rivera, más ruin y con menos grandeza trágica demoníaca que el M. Anido, dijo para excusar aquel crimen de Estado a un diario bonaerense. Había que asesinar y aun a sabiendas de que los ejecutados no estaban ni convictos ni confesos del delito de que se les acusaba, y había que asesinarlos para dar muestras de energía, por ejemplaridad. Pero no; se les ejecutó para atraer sobre nosotros, sobre Blasco y nosotros, la odiosidad de los crédulos y timoratos. Con tal de mancharnos de sangre, no recularon de mancharse con ella ellos. Esto hizo el 'verdugo negociante', como le llamó al Anido Blasco Ibáñez; eso hizo el Primo, negociante también y peor que verdugo; eso hizo el rey que no quiere efusión de sangre.

En cuanto a éste, al Rey, cuando supo que Blasco había escrito el folleto desenmascarándole,[6] parece que dijo: 'Yo me tengo la culpa por no haber dado importancia a ese hombre, pero eso cambiará', y ordenó que se le tratara como a una gloria nacional. Lo que da la medida de su manera de estimar a las personas y de los móviles que atribuye a las conductas ajenas.

En esta solidaridad de una campaña patriótica por la redención de España, por la justicia civil —es decir, por la justicia, pues no hay otra— es cuando he conocido a Blasco Ibáñez. Y de este Blasco Ibáñez que he conocido como español patriota, como ciudadano, como hombre, es de quien he querido hablar. Ha caído a nuestro lado, en hospitalaria tierra francesa,

---

novela; see *Obras completas*, VIII, 756-57. The 'protesta' Unamuno refers to is reproduced in Comín Colomer, *Unamuno libelista*, pp. 91-92.

[6] A reference to Blasco Ibáñez's famous pamphlet *Alphonse XIII, démasqué* (Paris: Flammarion, 1924).

desterrado de nuestra patria; y su muerte ha sido otro acto. Recogemos el arma que dejó, y con ella nos proponemos honrar su muerte y su memoria peleando por la causa por la que él peleó. Y que su España, nuestra España, y su Valencia se hagan dignas de recibir sus restos mortales.

HOJAS LIBRES, Bayonne, Year 2, No. 11 (1 February 1928)

72

18
DE NUEVO LO DE LAS RESPONSABILIDADES

Es inevitable, desgraciadamente, el que en estas *Hojas* tengamos que estarle dando vueltas a los mismos tópicos, ya que no hemos de caer en la inocentada de ponernos a hacer sociología o doctrinarismo político. Nuestro realismo –de *realidad* y no de *rey*– nos lo impide. No estamos para cátedras.

En el pasado número decía J. Casanovas en estas mismas *Hojas* que Primo de Rivera, el dictador el dictado (nunca mejor este apelativo que di hace unos años a La Cierva[1]), confesaba que con el golpe de Estado del 13-ix-1923 el Rey quiso 'evitar un conflicto entre el ejército y la ciudadanía española', poniendo con esta confesión de manifiesto lo que ya todos sabíamos, y es primero: que el golpe de Estado lo dio el Rey y no el Primo, que no hizo sino secundarlo –y aun menos: tercearlo, cuartearlo o quintarlo; mejor: ultimarlo, y como fantoche–; y segundo: que el golpe se dio principal aunque no exclusivamente para abogar el proceso de las responsabilidades en que iba envuelto, con una parte del alto mando y de la oficialidad del ejército, el Rey mismo.

Mas lo característico es que se haya dicho que el conflicto habría de venir entre el ejército y la *ciudadanía española*. Con ello parece quererse dar a entender que el ejército no forma parte de la ciudadanía, que los militares no son ciudadanos ni tienen deberes, así como derechos de tales. Lo que responde a aquella tan característica expresión del famoso manifiesto que al pronunciarse firmó el Primo –y sólo él lo firmó–, que será baldón de la ciudadanía, de la civilidad, de la civilización, y hasta de la militaridad del desenfrenado firmante: a lo de hablar de la *profesión* y *casta* y de su moral específica.

Y no podemos concebir que los militares verdaderamente patriotas –los suponemos a la inmensa mayoría– puedan resignarse a aparecer como una *casta*, y como una casta no sólo fuera sino en contra de la de los ciudadanos. Es tan monstruoso el concepto que no nos damos cuenta de cómo pudieron pasar por él.

Pero hay más, y es que al hablarse de un posible conflicto entre el ejército y la ciudadanía española se supone que el ejército lo forman no más que los jefes y oficiales. Y ni aun así, porque en aquel pleito de las

---

[1] See p. 66, n. 9.

responsabilidades había no pocos jefes y oficiales (creemos que los más y desde luego los mejores, los más ciudadanos, los más patriotas, los mejores militares) que deseaban que se apuraran las responsabilidades y que repugnaban al 'borrón y cuenta nueva'.

Los jefes y oficiales que aspiraban a que aquellos expedientes, el del General Picasso y el del General Bazán,[2] se ahogaran eran los jefes y oficiales que tenían algo que temer de ellos, y sobre todo los militares políticos, que han sido, y no los políticos civiles, los que provocaron el conflicto. Y si se hizo caer la odiosidad sobre el Sr. Alba y se le hizo una leyenda negra y se estuvo a punto de quitarle de en medio –si no huye a tiempo de los de la *casta*, los castizos anti-ciudadanos le fusilan, y sin siquiera previo juicio sumarísimo[3]–, fue porque el Sr. Alba sabía mejor que nadie –en Marruecos tuvo de Alto Comisario a Don Luis Silvela (¡y qué peso se le habrá quitado de encima con su muerte a algún castizo!)– sabía el Sr. Alba mejor que nadie todo el escándalo de la administración castrense en aquella campaña y las enormidades de algún archicastizo General Alto Comisario, teorizador del casticismo, y que cuando se dedicaba a cazar *alimañas* –así llamaba a los mineros– se dedicaba también a encarbonarse.[4] Los jefes y oficiales, pues, que nada tenían que temer de que se llevaran adelante los procesos por las responsabilidades, no podían prestarse a que se ahogaran no más que por un mal entendido espíritu de cuerpo o de compañerismo, que suele resultar antipatriótico.

Y no saben los militares que por cobardía se doblegan a ese funesto sentimiento el daño que con ello hacen a su propia profesión o religión –así se le ha llamado– si quieren. Cobardía sí, cobardía moral, que es la terrible.

Hay otro punto de excepcional gravedad, y es que ante el posible venidero conflicto entre el ejército y la ciudadanía –aceptemos el enunciado– el Rey se pusiera de parte de la parte del ejército que se oponía a la acción de la justicia civil. Hay más, y es que en cierta ocasión hablando ante sus ministros, el Rey, con la característica inconciencia que hace en él

---

[2] From August 1921 to April 1922, Generals Picasso and Bazán led the enquiries into the responsibilities for the Annual debacle. See p. 13, n. 2.

[3] See p. 60, n. 9.

[4] Unamuno is probably referring to General Dámaso Berenguer, who had been the High Commissioner in Morocco between 1920 and 1921. After the military defeat at Annual, Berenguer was replaced by a civilian, Luis Silvela (see p. 13, n. 2). No other reference has been found to his relationship with the miners. Berenguer would later become Prime Minister (1930-1931).

las veces de cinismo, hubo de decir: 'nosotros los del ejército...'; a lo que el Sr. Alba le atajó y le hizo observar que el rey no forma parte del ejército frente al resto de la ciudadanía, que el rey no es más militar que civil, que el rey, en fin, no es un emperador. Y hasta eso de que sea capitán general del ejército es una monstruosidad contra la que ya en su tiempo, allá por el año 1876, protestó aquel civilísimo General Salamanca, que tantas y tan buenas cosas dijo en las Cortes.[5] Lo mismo que capitán general podía pretender ser arzobispo primado o presidente del Tribunal Supremo.

Pero en el conflicto que veían avecinarse entre lo que llaman ejército – sin serlo– y la ciudadanía española, si el Rey se puso de parte de los castizos, no fue por amor al ejército, aunque sí por aversión a la ciudadanía, sino que fue por salvar su propia responsabilidad. Ya que había sido él, el más castizo de los castizos, el profesional del casticismo, el que con sus olés y otras chulerías anticiviles había traído el desastre: él, el de la *cruzada*, él, el de la conquista de Tánger, como antaño la de Portugal, él, el del imperialismo afro-ibérico. Y por eso, porque buscaba ante todo y sobre todo salvar su responsabilidad anti-constitucional, es por lo que, ejerciendo sus artes de jugador mañoso, me lanzó aquel envido de 'sí, sí, todas las responsabilidades y las de todos; hasta las mías, si me alcanzasen'.[6] Para decir luego: 'todo menos Cortes'.

Que el regio golpe de Estado, en que el Primo actuó de monaguillo disfrazado de cardenal, se dio ante todo y sobre todo para ahogar los procesos de las responsabilidades, lo sabe hoy todo el mundo en España, y se ríe de lo del peligro comunista y de lo del peligro separatista. Y en cuanto a lo de establecer lo que llaman el prestigio de las armas, quebrantado, suponen algunos ingenuos, por el rescate de los prisioneros de Annual,[7] ese prestigio ni se había quebrantado por ello ni se restableció con aquella aparatosa y en el fondo ridícula victorieta de la toma de Alhucemas, conseguida con la ayuda del vecino y a la que se le quiso tartarinescamente dar la proporción de uno de los más grandes triunfos de la historia guerrera de España, como si hubiese sido unas Navas de Tolosa o una toma de Granada.[8] Pero el pueblo, con su sano instinto, no respondió, y los militares mismos, los sinceros, los patriotas, los honrados –que son, repetimos, los

---

[5] General Manuel Salamanca y Negrete (1831-1891) was a Liberal *diputado* in 1876 and 1879-1881.

[6] See p. 60, n. 7

[7] See p. 16, n. 2.

[8] See p. 61, n. 12.

más-- se dieron cuenta de la histrionidad de aquella celebración y se sintieron avergonzados de ella.[9] Y había que oírles --les hemos oído a algunos-- comentar la victorieta.

De todo lo cual resulta que el Rey y con él la menor y la peor parte de la oficialidad y de la jefatura del ejército querían ahogar los procesos de las responsabilidades y engañaron a los sencillos oficiales y jefes que nada tenían que temer de tales procesos, echando la culpa de los desastres africanos a los políticos y diciendo que la administración civil era tan corrompida como la militar. Pero bien pronto pudo convencerse la oficialidad del ejército, la honrada, sincera y desprevenida, de que eso no era así y de que la administración civil --municipal, provincial y del Estado--, por lo mismo que era discutida e intervenida, estaba libre de las lacras de la indiscutida administración militar con sus continuos tapujos. Cerca de cinco años lleva la que llaman dictadura y aún no ha sabido concretar y puntualizar sus cargos --ni tantos ni tan graves como suponen-- contra los antiguos políticos, y cargos que recaerían sobre los militares políticos corruptores del ejército.

Y a fin de cuentas esos procesos de las responsabilidades regias y militares se han de sustanciar algún día. Aquí está el nudo. Más de una vez hemos hecho alusión a ciertas notas que el General Nouvilas, entonces secretario del Directorio Militar, entregó escritas a un periodista francés amigo nuestro que fue a España a hacer una información, notas que el periodista no publicó como publicó otras --entre ellas lo que le dijo el Primo-- sino que nos las dio y obran en nuestro poder.[10] ¿Por qué se las dio al que esto escribe en vez de publicarlas, pues que para ello se las pidió al general entonces secretario del Directorio Militar? No lo sabemos.

Yo sólo sé que al dármelas me dijo: 'Tómelas, son para Usted'. Y en aquellas notas, en ciertos puntos interesantísimas y muy atinadas --como en suponer, por ejemplo, que los peores vicios del ejército español le vienen de las guerras civiles y coloniales--, en aquellas notas se decía que el proceso de las responsabilidades no podía sustanciarse hasta que no hubiese un *gobierno estable*. Y en esto estamos, y todo lo que se hace es para evitar que haya un gobierno estable. ¿O es que cree alguien que un gobierno de que

---

[9] Unamuno also refers to the celebrations following the Spanish victory at Alhucemas in 'El vice-imperio ibero-africano' (above, p. 61).

[10] Brigadier General Godofredo Nouvilas became Secretary of the Military Directory that was set up on the day following Primo de Rivera's coup d'état. The notes that Unamuno refers to have not come to light.

formase parte el africanista Conde de la Mortera, Don Gabriel Maura y Gamazo,[11] habría de tener la estabilidad necesaria para solventar esas responsabilidades? Ni mucho menos.

Si el Conde de la Mortera aceptase el poder de mano del Rey castizo y perjuro, sería para evitar unas Cortes Constituyentes mediante una carta otorgada, o lo que es peor, mediante una monstruosa comedia de plebiscito en asunto en que el plebiscito no cabe.

Pero hay otro aspecto que nos es doloroso, pero necesario, tratar.

Hasta ahora nos hemos movido en un campo que alguien podría llamar doctrinal, aunque de doctrina concreta, no de sociología sino de sociografía --preferimos la biografía a la biología--, de historia actual. Hasta ahora hemos analizado los orígenes y las derivaciones del regio, castizo y pretoriano golpe de Estado del 13-ix-1923, al que pretendió dar doctrina con su manifiesto Primo de Rivera. Y hemos reconocido buena fe en los jefes y oficiales que, engañados, le apoyaron para evitar un conflicto con la ciudadanía española. Es más, y es que confesamos que, aunque nos parezca errada y perniciosa la doctrina de que ante todo hay que salvar el prestigio de las armas y el honor del cuerpo --que no suele ser honor ni del cuerpo, como tampoco del alma--, y de que por patriotismo hay que impedir que sea discutido el ejército, y que la justicia debe supeditarse al orden, aunque creamos que todo esto constituye un error gravísimo, aún confesamos que hay mucha gente que lo profesa de buena fe y por evitar los que creen mayores males.

Sí; hay mucha gente, ciudadanos militares y otros ciudadanos no militares, que creen en la conveniencia del 'borrón y cuenta nueva' y en la necesidad temporal de una dictadura militar. Pero ahora entra otra tristísima consideración que quisiéramos poder habérnosla ahorrado.

Aun suponiendo que hay momentos en la vida de una nación civilizada en que se imponga una dictadura, ¿es que hay razón alguna para que la que pesa sobre España siga durando? Si la dictadura, o lo que parece tal, persiste, es sólo porque los que la ejercen temen tener que dar cuenta de cómo la ejercen.

Se dice que la dictadura es benigna en España y que consiente libertades. Que ello no es cierto y que no es honrada lo prueba la colección de nuestras *Hojas Libres*, donde quedan archivados todos los escándalos de ese 'nuevo régimen', que es el más inmoral, el más corrompido, el más rapaz y el más injusto que ha conocido España. Pero aun hay más, y

---

[11] See p. 66, n. 7.

quisiéramos que en esto se fijasen los jefes y oficiales del ejército que aún los toleran y encubren.

Un pueblo puede aguantar una tiranía que le prive de libertades esenciales y que le saquee su hacienda, puede aguantar injusticias manifiestas, pero ¡tener que aguantar el escarnio de que encima se burlen de él...! Una pobre mujer puede soportar que un marido soez o medio loco le apalee en casa, pero que la afrente y abochorne en público con grotescas farsas, eso es ya demasiado. Y las cosas —lo decimos puesta la mano sobre el corazón español— que se permite al Primo de Rivera pasan de la raya. Nos recuerdan lo de uno de sus amigotes y compinches de juergas y francachelas que, siendo diputado a Cortes, se fue en la capital de su distrito a un bar con cuyo dueño tenía ciertas diferencias y se puso a mear en el mostrador del bar. Y otra vez entró a un café a escupir a un inerme periodista. Y el Primo está de continuo meando en mostradores y escupiendo a pobres gentes.

¿Qué es sino mear en el mostrador de España esas notas y esas declaraciones con que está envileciendo la función que ejerce?[12]

¿Es que los compañeros que le ayudaron a atracar el poder y le ayudan a sostenerse en él no se dan cuenta de lo que significan ante el mundo civil y culto todas esas necedades que suelta acerca del piropo y de si su novia le parece o no le parece guapa? Esa triste manía de sexualidad, propia de machos jubilados, es algo que nos está abochornando a los españoles.

Dictador más dictador y más arbitrario y más tiránico le habrá, sin duda, y le hay, ya que Primo no dicta nada ni resuelve nada; pero que más afrente con su insensatez a un pueblo no le hay. Los demás dictadores que hay hoy en el mundo son serios; hasta Mussolini, que tiene tanto de histrión, es de una comicidad, o mejor de una tragicomicidad seria; pero ninguno abochorna a su pueblo como el Primo a España. Cada vez que este desgraciado se dirige, por ejemplo, a las mujeres, es tomándolas como hembras. Y cuando un día se coleccionen todos sus dichos, sus notas, sus declaraciones, se sorprenderán nuestros nietos de que nosotros, sus abuelos, podamos soportar a tan grotesco mamarracho. Y que nos esté meando a la cara.

Hemos sentido que la vergüenza nos ponía un dogal al cuello; hemos sentido la congoja de ser españoles al leer en diarios extranjeros irónicos comentarios acerca de las manifestaciones de ese mal hijo de España con motivo de la revista 'La orgía dorada', sentado entre la María Caballé y la

---

[12] A reference to the informal 'notas' which Primo de Rivera frequently published in the Spanish press in order to explain or justify his actions.

Tina de Jarque.[13] Y cualquier otro día con la misma lengua sucia de toda suciedad se pone a hablar... de la Virgen Santísima (Perdón). ¿Y sus compañeros de armas, hijos, hermanos, maridos, padres de mujer, toleran eso? ¿Pueden tolerar que aparezca como elevado por ellos al poder ese degenerado que esparce en su torno vaho de retrete de casa de lenocinio? ¿Que empleo yo, a mi vez, términos groseros? Es que la indignación me bulle, y he aprendido de los grandes profetas a no detenerme en un decoro puramente aparencial. El asesinato de Layret,[14] los asesinatos de los de Vera,[15] el asesinato del teniente de artillería Tordesillas,[16] las deportaciones, las multas extra-reglamentarias sin declarar el motivo de ellas, la presión para que se le rinda un homenaje pecuniario, todo esto y otras enormidades parecidas nos parecen poco junto a eso de tener que soportar las bertoldadas[17] y soecidades que se le ocurren. ¡No, no y no!

Eso no puede pasar. No puede pasar el que ese grandísimo majadero, mal criado, mal educado, grosero, embustero, haga que los periódicos reproduzcan sus majaderías.

El que Nerón hiciese matar a su madre --así nos ha sido trasmitido-- para ver el seno de que fue expulsado es acaso, en cierto respecto, menos vergonzoso que el que se hiciese aplaudir como tenor, o acaso tiplón, en el teatro. Como el que el Primo, caricatura de tirano, esté matando a España y desgarrándole el seno es menos grave que el que quiera hacer aplaudir las cacasenadas que regüelda con voz aguardentosa. Que dé coces pero que no relinche. Y menos que pretenda que le acompañen al violón sus relinchos.

Ya, cuando lo de la Caoba,[18] hizo declaraciones públicas que eran para sacar los colores a la cara a una zorra vieja. Y luego, cuando el homenaje

---

[13] Vaudeville artistes.

[14] Francesc Layret (1880-1920); Catalan republican who was murdered in mysterious circumstances in Barcelona at a time when General Martínez Anido was the Civil Governor of the city.

[15] On the Vera affair, see p. 62, n. 16 and p. 69, n. 5.

[16] Enrique Tordesillas was killed in Pamplona on 5 September 1926 whilst protesting against the Régime's imposition of promotion by merit on the whole Army. On Primo's measure, see the Introduction (p. xx, n. 38).

[17] See p. 65, n. 5.

[18] In early 1924, Primo de Rivera had engineered a reprieve for a well-known prostitute, La Caoba, who was on trial for immorality. Poem 2 of *De Fuerteventura a París* deals with the episode; see *Obras completas*, VI, 675-76.

a Benavente, compuso con los títulos de las comedias de éste un discursito que estaba bien para Pérez Zúñiga pero vergonzoso en un jefe de Gobierno.[19]

Y ha seguido haciendo el payaso en medio de un público tan degradado y envilecido como para reírle sus payasadas. Y esto ¡no, no, no, y mil veces no!

¡Si los jefes y oficiales del ejército que le toleran supiesen la impresión que ese desdichado dejó en Roma cuando fue allá acompañando al Rey...![20] ¡Y la que dejó en París cuando se hizo invitar y fue, contra el deseo del Gobierno de la República Francesa, a la fiesta del 14 de julio de hace tres años, y el tristísimo papel que hizo allí, sobre todo en el banquete del Elíseo...! Más que la sangre que nos sacan, nos duele la que nos hacen subir a la cara de vergüenza.

Y luego esa vil, vilísima, encanallada, degradada Asamblea Consuntiva Nacional que le ha tolerado las *impertinencias* --seamos por una vez moderados-- que le ha tolerado... No comprendemos cómo no le dejaron solo en el salón de sesiones. Que nos robe, que nos insulte, que nos saque los ojos, que nos corte la lengua o nos ponga mordaza; pero, por Dios vivo, que no se nos ponga a mear en el mostrador. Y tal vez para hacer muestra de su masculinidad.

Si fuera un particular, ¿se le podrían pasar esas... genialidades? Y hasta nos reiríamos un momento con ellas --no mucho, porque cansan pronto, ya que maldita la gracia que tienen--; pero no es un particular, sino que es un general, y para baldón de España presidente --siquiera nominal-- de un Consejo de Ministros de la Corona, y la risa se convierte en congojoso bochorno. Y si el fofo corpachón le pide mearse en algo, que se mee en la Corona o en la cabeza del Rey, así como cierto ministro de Instrucción Pública dicen que se meó en el tintero de su despacho del Ministerio al tener que dejarlo. Que se mee en la Corona endulzándola así, y bien meada estará; pero ¿en España? Ni nos hace falta saber con qué mea. ¡Que se lo guarde!

---

[19] On 1 March 1924, the playwright and recent Nobel Laureate Jacinto Benavente (1866-1954) was awarded the 'Gran Cruz de Alfonso XIII' in a public ceremony presided over by the King and Primo de Rivera.

[20] Primo de Rivera visited Mussolini in Rome in November 1923. The King went to the Vatican to meet the Pope at the same time (see p. 61, n. 11).

¿Que me descompongo? Es él quien nos está descomponiendo. El otro, la mala bestia de la ley de fugas, al fin se calla.[21] ¿Que me descompongo? ¿Y quién no, leyendo los dichos de ese desventurado payaso? La necedad a ese grado y ocupando ese puesto es más que un gravísimo crimen de Estado; es un caso de lesa patria. No se puede arrastrar así por el fango la honra de España.

Hay una frase preñada de sentido pero a la que se lo ha embotado el abuso que de ella se ha hecho, y es la de 'no hay derecho'. Y no, no hay derecho a ser tan desvergonzada y grotescamente botarate; no hay derecho a ello. Y ya que no se resigna a suicidarse civilmente, a ir a esconderse a cualquier rincón, y sin el repugnante atraco del homenaje pecuniario —el sablazo más criminal que conocemos—, y a ocultar allí su ignominia, ¿seguirán soportándole los del conflicto con la ciudadanía española? Este soportarle es lo que está deshonorando al ejército.

HOJAS LIBRES, Bayonne, Year 2, Nos 13 & 14 (1 May 1928)

---

[21] A reference to Martínez Anido, who had often used the 'ley de fugas' during his time as Civil Governor of Barcelona (1920-1922) (see Ben-Ami, *Fascism from Above*, pp. 12-13). Quite why Unamuno says that he had fallen silent is unclear, since Martínez Anido remained Minister of the Interior until Primo de Rivera's fall in January 1930.

19
GRAGEA

En el discurso de apertura de los Tribunales de la dictadura, parece ser que el ministril de Desgracia e Injusticia dijo que la provincia de España en que hay más analfabetos es aquella en que a la vez hay más criminalidad.[1] Quiero abstenerme de comentar la intención de semejante aserto, y tampoco he de meterme en las disquisiciones sociológicas a [sic] que otros a ese respecto se han metido. Sólo he de hacer notar que la exactitud del hecho depende de cómo se haga la estadística tanto del analfabetismo como de la criminalidad.

Así, por ejemplo, si nos someten a ambas estadísticas a Primo de Rivera y a mí, resultará, claro, que yo sé leer y escribir correctamente y con propiedad y él no ('prenuncia' y no lee, al revés de lo del gitano), y en cambio yo he sido procesado varias veces y condenado dos y él me figuro que nunca. Y, sin embargo, yo no soy criminal y él lo es. De variados crímenes, y entre ellos del más grave de todos desde el punto de vista público para un gobernante, del crimen de majadería auténtica.

¿Qué es eso de majadería auténtica?

Ah, ¿pero no sabe el lector lo que es un majadero auténtico?

En alguna ocasión el Primo analfabeto ha dicho, refiriéndose a cierto sabio, que es un sabio auténtico, sin duda para oponerlo a otros, a los que nos llama 'autointelectuales'. Y parándome en ello, he venido en que es un majadero auténtico y no un 'automajadero', que sería un majadero que se majase a sí mismo por conocerse. Él es el majadero auténtico y de piedra.

¿De piedra? Sí, pero no en sentido subjetivo, sino objetivo; quiero decir que él, el majadero, esto es, la mano de almirez para majar, no es de piedra, sino para majar piedra, que con su cabeza se puede majarla.

Aunque parece de piedra berroqueña por lo de guardacantón. Es impasible. ¿Que le silban en París? ¡Tan fresco! ¿Que en el banquete del Elíseo, al que se hace invitar a mala gana del Gobierno francés, se cambian discursos entre el Sultán de Marruecos y el Presidente de la República Francesa sin mencionar a la España cuya representación él indebidamente

---

[1] In December 1925, Primo de Rivera appointed Galo Ponte as Ministro de Gracia y Justicia.

ocupara?[2] ¡Tan fresco! ¿Que tiene que volver su Estado —no es España-- a la Sociedad de Naciones de que salió refunfuñando y sin obtener nada de aquello por que salió? ¡Tan fresco![3] ¿Que le niegan el ser de los primeros firmantes del pacto Kellog, después de haberlo solicitado servilmente y para hombrearse --hombrearse él, que no pasa de macho jubilado-- con Briand? ¡Tan fresco! ¿Que se niega Chamberlain a recibirle y recibe a otros? ¡Tan fresco![4] ¿Que se acerca a un autointelectual y sabio no auténtico solicitando su mano de amigo y éste le vuelve la espalda? ¡Tan fresco! ¿Que un duque le echa en cara toda su grosera conducta con una pobre dama a la que trata como a cualquiera de las pelonas con cuya intimidad se deshonra? ¡Tan fresco!

Ahora dígame si esto no es ser guardacantón auténtico.

Dijo no hace mucho, acordándose sin duda de mí, que para gobernar no hace falta saber griego ni filosofía. Griego desde luego que no, pero filosofía según se entienda. Y si el principio de la filosofía según el viejo Sócrates es el de Delfos de 'conócete a ti mismo', para gobernar lo primero que hace falta es que el gobernante se conozca a sí mismo. ¿Se conoce Primo?

En unas regocijantes declaraciones autobiográficas y auténticas que hizo una vez manifestó que él cuando joven —cuando le llamaban Miguelón; después Miguelito— se dedicaba a la alimentación. Que es a lo que principalmente sigue dedicándose. A alimentar su voracidad y la de los suyos y a hacer provisiones allá para los inviernos por si vienen duros, y en una forma que debería entrar en la estadística de la criminalidad.

No, en el casino de Jerez donde dice que aprendió a gobernar no aprendió ni griego ni filosofía. Griego para él resulta todo. Y en cuanto a filosofía casinera, ni es la que aprendió, porque eso de que él oyera con atención las conversaciones de hombres versados en distintos menesteres, eso

---

[2] On this point, see also 'De nuevo lo de las responsabilidades' (above, p. 79).

[3] In September 1926, Primo de Rivera took Spain out of the League of Nations because he had been refused a permanent seat for his country on the League's Security Council. Spain returned to the League of Nations in March 1928.

[4] Primo de Rivera had been courting Briand and Chamberlain, the French and British Foreign Ministers, in his attempt to gain international recognition for his régime. They had refused to allow him to sign the Kellogg-Briand Pact (27 August 1928) in which 60 nations pledged to outlaw war as an instrument of national policy.

no es más que un camelo. Precisamente por lo que se distinguen los majaderos auténticos es por no ser capaces de atención. Siempre están distraídos.

Como los guardacantones.

Cuando leyó Poincaré, el Presidente del Gobierno francés, eso del Casino de Jerez, le preguntó a un ilustre español expatriado qué segundo sentido había en ello, y al enterarse de que no le había, de que no era más que una auténtica majadería, no salía de su asombro. Como no salen de él todos los hombres de Estados civilizados cuando se enteran de las autenticidades de nuestro Bertoldo.[5]

Y a propósito de lo de Miguelón y Miguelito, de mozo fue *lon*, de vejestorio es *lito*.

Parece ser que aquel indiano Jardón —q.e.p.d.—, amigote que fue del Primo y a quien le enseñó, entre otras cosas, lo que quiere decir *atorrante*, tenía un perro al que profesaba un cariño cordialísimo y que decidió bautizarlo para limpiarlo de pecado original perruno. Arreglaron la sacrílega farsa entre varios compadritos. Uno, revestido con el traje cardenalicio que Borrás saca en *El Cardenal*,[6] hizo de bautista o bautizante, y el Primo, auténtico compadrito, hizo de padrino del perro, con lo cual contrajo parentesco inespiritual con éste. Lo que no dice el cronista de quien tomamos tan interesantes noticias, es si al perro se le puso por nombre Lon, abreviatura de Miguelón, o Lito, abreviatura de Miguelito.

Tampoco sabemos si el perro Miguelón o Miguelito sobrevivió a su amo y en este caso qué se habrá hecho de él, aunque suponemos que su padrino lo habrá prohijado, y le habrá hecho entrar en la policía, como jefe de los perros policías, y con un buen sueldo, por supuesto. Aunque para ese menester haya tenido que chocar con el M. Anido, que para la policía canina no quiere perros, sino lobos o hienas, dándole lo mismo que estén bautizados o sin bautizar.

HOJAS LIBRES, Bayonne, Year 2, Nos 17 & 18 (1 October 1928)

---

[5] See p. 65, n. 5.
[6] Enrique Borrás (1863-1957); Spanish actor. *El Cardenal* (1920) was a comedy of manners written by Manuel Linares Rivas (1867-1938).

20
PORNOCRACIA Y CLEPTOCRACIA

Conviene comentar otra vez aquella declaración que hizo el Rey de España ante el Presidente de la República Francesa en la inauguración de la línea férrea de Canfranc al decir que, aunque en España estaba la Constitución en suspenso, ello [era algo] pasajero y que se iba a restablecerla, si bien con ciertas modificaciones. La postura de Don Alfonso al ir a dar disculpas al jefe de un Estado extranjero resultó muy poco airosa, por no emplear otro término más fuerte. Era como si un señor que está de hecho divorciado de su mujer, separados de cohabitación y convivencia, tiene que recibir en su casa y a su mesa a un huésped de honor, caso en el que la señora de la casa suele aparecer a hacer los honores de ella, cubriendo así por lo menos las apariencias. Pero se da el caso de que la señora de la casa no aparece por ella y el huésped, ¡claro está! como es discreto, no se da por enterado. Pero es el señor que le recibe quien a los postres se levanta y acaba diciendo sobre poco más o menos: 'Habrá observado mi honorable huésped que falta aquí en la mesa mi señora; es que estamos, de hecho, divorciados, pero esto va a durar poco; estamos a punto de reconciliarnos y reanudar, *con ciertas modificaciones*, nuestra convivencia conyugal...'.

El huésped, naturalmente, a esto se calla, pero se dice para sí: 'Y ¿a qué me viene a mí con este cuento, y qué tengo yo que ver con sus disensiones domésticas y con que si va o no a modificar la cohabitación conyugal?' Es claro que el amo de la casa se queda en una postura no muy decorosa, pues ¿quién le obligaba a dar esas excusas y disculpas a un extraño?

Sin embargo, la comparación no es del todo adecuada. Porque podría suceder que el amo de la casa de nuestro cuento formara parte de una asociación de amos de casa y casados que se obligaban a vivir en una relación normal y legal con sus mujeres. Que una cosa así es la Sociedad de las Naciones, en que éstas se obligan a estar constituidas democrática y constitucionalmente. Y España es la única nación de las que de esa Sociedad forman parte, la única, así, la única que tiene —y más de cinco años ya— su Constitución en suspenso, y aun hay quien sueña con el disparate de darle otra, y no por Cortes Constituyentes, sino por un absurdo plebiscito. Y tenemos por seguro que al solicitar, humillado y atrito, el Estado tiránico y pretoriano de España volver a entrar en esa Sociedad de las Naciones, después de haber salido de ella pretendiendo el protectorado sobre Tánger y un puesto permanente en su Consejo, y solicitar volver sin conseguir ninguna de las dos cosas,[1] tenemos por seguro que se le exigió que volviese a la normalidad constitucional. De aquí la declaración de Don Alfonso en la apertura de la línea de Canfranc.

Y desde entonces, y aun antes, y sobre todo desde después del grotesco homenaje del 13 de septiembre de este año, en que se puso en evidencia la vanidad y el fracaso de ese rebañego baturrillo de la llamada Unión Patriótica, se nos ha querido hacer creer en una disidencia entre Don Alfonso y Primo de Rivera y se ha acentuado la artificiosa leyenda de que aquél, prisionero de éste, busca libertarse. Y se dice que a los que le urgen a ello ha dicho: 'No, no conviene hacerlo de sopetón; es menester que Primo acabe de gastarse'. Pero ¡más gastado que está...!

Conviene recordar que esta bochornosa situación, que ha venido a parar a una *pornocracia* aliada con una *cleptocracia*, la trajo el Rey; que fue Don Alfonso el verdadero autor del golpe de Estado del 13 de septiembre de 1923. Aquel mismo día o al siguiente le decía a un embajador de una Nación amiga: '*Maintenant je suis le maître*; ¡ahora yo soy el amo!' ¡Pobre amo! Y se vio preso en las redes con que quiso enredar a otros. Quiso valerse del ejército para sus planes de imperialismo, de cesarismo, y en vez de un régimen cesarista trajo uno pretoriano. Él que en cierto Consejo de Ministros llegó a decir: 'nosotros, el ejército', provocando el que un ministro, el de Estado, le llamara al orden haciéndole saber que el rey no debe considerarse como del ejército frente al resto de la nación –que tal era el sentido de la frase–: él se vio víctima de sus propias maniobras.[2]

Quiso escudar su irresponsabilidad con una irresponsabilidad del ejército, declarado indiscutible para que a él no se le discuta, y he aquí el enredo a que ha llegado.

A todo lo cual dice que cedió a la intimación del ejército –intimación tramada y dirigida por él– para evitar la guerra civil. Y el hecho es que la ha desencadenado, pues ¿qué es la actual dictadura española sino un estado de guerra, y de guerra civil, un estado de guerra civil?

Una excusa parecida es la que anda dando por los cuarteles Primo de Rivera, cuando ante las oficialidades de las guarniciones, que sabe bien que le son en su mayoría hostiles, sale diciendo que él asumió el poder de mala gana y no más que por evitar un conflicto entre el ejército y la ciudadanía –de donde resulta que el ejército no es ciudadano y por ende ni nacional–,

---

[1] See p. 82, n. 3.
[2] The Minister in question was Santiago Alba. See 'De nuevo lo de las responsabilidades' (above, pp. 73-74).

y que si se llega a pedir responsabilidades por el golpe de Estado, tienen que extenderse a todo el ejército. Lo que oyen las oficialidades con verdadero estupor.

Cierto es que esa oficialidad, engañada en su mayoría y pervertida en su sentido de la propia responsabilidad desde aquella monstruosa ley de jurisdicciones,[3] de donde lo más y lo peor del daño actual arranca; cierto es que esa engañada oficialidad se avino a la dictadura esperando que se pusiera de manifiesto toda la perversidad de los políticos del llamado antiguo régimen. Pero ha podido ver que lo más pervertido que en aquel régimen había era el régimen interior militar, ya que sus cuentas ni pasaban por el Tribunal de ellas. Al cabo de cinco años ha podido esa oficialidad desengañarse y se ha desengañado, ha podido ver y ha visto que los males de la patria provenían sobre todo del Rey, que pretendía hacerse un ejército cesariano, y de la camarilla de generales, de caudillejos militares, que le secundaban.

Entonces, al ayudar a Primo de Rivera y compañía pornocrática y cleptocrática, la oficialidad del ejército lo hizo esperando que la dictadura duraría lo preciso para enjuiciar y ajusticiar al antiguo régimen y que Primo no se serviría de ella para intentar hacerse un partido político personal. Que era a lo que aspiraba él, que en el tan mentado antiguo régimen anduvo buscando, sin encontrarlo, enchufe político.

Querer evitar un conflicto entre el ejército y la ciudadanía él. ¡Él, que nunca se sintió muy militar!; ¡él que siempre aspiró a valerse de su profesión para hacerse una posición política! Hablaba, es cierto, de la 'familia militar', pero para él la tal familia era un casino, ¡un casino en que se puede expulsar a un socio por bolas blancas y negras y sin declarar el motivo! Monstruosidad moral que se dejó escapar ese caudillejo comentando la expulsión de los alumnos de la Escuela Superior de Guerra.

¡Conflicto entre el ejército y la ciudadanía! Ya esta expresión es lo bastante para que los oficiales que se sientan ciudadanos --y han de serlo todos los que sientan su dignidad oficial− comprendan que eso no implica otra cosa que considerar al ejército como no nacional. Pero aún hay más. Estaba yo en Palencia cuando ocurrió el golpe de Estado, y recuerdo que entre las esperanzas que hizo concebir a no pocos ilusos y la expectación benévola que provocó en no pocos liberales me pronuncié desde el primer día en contra del pronunciamiento. Me bastó ver en aquel

---

[3] According to the Ley de Jurisdicciones (1906), all cases of treason were to be tried by military courts.

monstruoso manifiesto que firmó él, Primo, *y él sólo*, monstruoso manifiesto que es el peor agravio que ha tenido que sufrir la ciudadanía española, se hablaba de la moral de 'los de nuestra profesión y casta'.

¡*La moral de los de nuestra profesión y casta*! Más de una vez he comentado esta agorera frase,[4] pero ruego al lector, sobre todo si es ciudadano militar, si es oficial del ejército de la nación, que se detenga a reflexionar sobre ella. *La moral*... Esto implica que hay una moral profesional militar que no es la corriente moral civil, la moral de los ciudadanos, que hay morales profesionales de excepción.

Esto para cualquier ciudadano y para cualquier cristiano es ya una grandísima atrocidad, pero luego viene lo peor y es lo de *la casta*. Declarar a la milicia una casta es el insulto mayor que contra la patria y la milicia contiene el desdichado manifiesto. ¡Terrible es, sin duda, la guerra de clases, pero la guerra civil de castas...!

Querer hacer de la milicia profesional una casta es querer ponerla fuera de la ley moral, y esto suele llevar consigo el que al intentar que esa casta esté por encima de la ley suceda que llegue a caer por debajo de ella y no dentro de ella. ¿Casta? ¿Saben los ciudadanos militares todo el daño que se les ha hecho con esa desdichada declaración? ¡Casta!

Y luego ha venido el tener que dar desde el poder muestras de esa moral, y la casta de los políticos militares, de los pretorianos, de los castizos —que no está formada ¡claro está! por los ciudadanos militares— nos ha enseñado cuál es esa moral, que no es otra que la inmoralidad pornocrática y cleptocrática, la de las zorras y los logreros.

Sí; en cuanto leí en Palencia el desdichado manifiesto del pronunciamiento, me pronuncié en contra de él. Ni podía hacer otra cosa yo, que ya en un mitin del Teatro de la Zarzuela me había alzado contra el pretorianismo que ya levantaba cabeza. Y seguí pronunciándome de tal modo que se vieron precisados a deportarme para conseguir que, callándome yo, se callaran los demás. Les marró el arreglo que buscaban con lo de mi deportación, pues '¿por qué no ha de venirse con nosotros —se decían— éste que no pertenece al gremio de políticos a que combatimos y que él, a su vez, los ha combatido?' Tuvieron que deportarme para así hacerme callar y que otros no dieran eco a mi voz; pero yo no me callé y he seguido y sigo proclamando la verdad y pidiendo justicia, que es la libertad de la verdad.

---

[4] See 'De nuevo lo de las responsabilidades' (above, p. 72).

Y esto es lo que el Rey espera que se gaste para restablecer la constitucionalidad, la legalidad, la ciudadanía, esto y no Primo. Lo que espera que se gaste es nuestra resistencia, y que renunciemos a pedir justicia. Otra vez más: el 13 de septiembre de 1924, en el primer aniversario de su golpe de Estado, el Rey le dijo a un amigo mío a quien le llamó para decírselo: '*Esto* pasará y se hará justicia a todos'. Pero *eso* no pasa y el amo de la casa no se aviene con su señora, porque teme a la justicia a todos, para todos; porque teme tener que someterse a la justicia. '¡Ahora yo soy el amo!' Pero el ama es la Constitución, y sobre ella y sobre el rey, la justicia. Él, el Rey, asumió la responsabilidad del golpe de Estado; él, el Rey, tiene que responder de él. 'Hagamos votos porque la toga llegue a hacer innecesaria la espada'; esto o algo parecido dijo en Salamanca cuando pronunció —y vayan pronunciamientos— mi nombre donde parece que estaba vedado pronunciarlo, y delante de Primo, como si estas cosas fuesen individuales. La espada es ya innecesaria; es más, es ya dañina, pero se teme a la toga.

A todo esto Primo me llama original. Sin duda. Pero mi originalidad consiste en no combatir, como un pobre doctrinario, un principio cualquiera político, como lo es el de la dictadura y aun el de la tiranía, sino combatir el uso que ellos, los de la partida pornocrática y cleptocrática de Primo, hacen del principio que invocan. Mi originalidad consiste en proclamar que esa moral de profesión y casta que invocó ha resultado la más degradante inmoralidad y que jamás, jamás, jamás llegaron los más corrompidos gobernantes del llamado antiguo régimen a las perversidades y aun crímenes del actual régimen de mentira, prostitución y latrocinio.

HOJAS LIBRES, Bayonne, Year 3, No. 19 (1 January 1929)

21
LE REGNE DU BOURREAU

Il me semble que *Monde* remplit en tous points sa mission qui est d'éveiller, de maintenir et d'accroître une conscience mondiale, humaine, en France et au dehors. Une conscience 'mondiale', ce qui ne signifie pas internationale, mais plutôt supernationale et interpopulaire. Car il y a une internationale des nationalismes qui vient toujours à la rescousse du fascisme, lequel, en réalité, n'est pas une doctrine, mais bien la 'barbarie --que l'on me permette ici un jeu de mots d'helléniste-- démiocratique'. *Demos* en grec signifie 'peuple' et *demios*, littéralement 'populaire', était le fonctionnaire populaire d'un peuple rongé par l'envie (à l'exception des esclaves), c'est-à-dire le bourreau. La 'démiocratie' est donc la 'bourreaucratie', régime de tous les impérialismes capitalistes; c'est la suprématie du pouvoir executeur, non executif. Le juge s'y voit subordonné au bourreau. Et le bourreau est aussi bien la police que le gendarme ou le général.

J'ai toujours considéré comme la plus grande marque de génie du Comte Joseph de Maistre, ce patriarche de l'ultramontanisme, la défense et l'apologie du bourreau faites dans ses *Soirées de Saint-Pétersbourg*, texte le plus parfait du système inquisitorial.[1] Le bourreau bien plus que le roi est la tête de ce que l'on appelle un gouvernement d'ordre. Et j'ai toujours pensé que si nous arrivons à supprimer la peine de mort, ce sera pour racheter, pour rédimer, non pas le condamné à mort mais le bourreau, celui qui tue parce qu'on le force à tuer ou parce qu'on l'a acheté. Mille fois meilleure est la loi de Lynch. Et je trouve plus humain l'assassin que le bourreau qui l'assassine. En tout cas: que ce soit au juge qui a prononcé la sentence à opérer l'exécution. L'esclavage du bourreau est le plus dégradant des esclavages.

Et si un jour vient où il nous sera impossible de trouver un misérable qui veuille bien servir d'exécuteur? A Cuba on vient de résoudre le problème. Là-bas, depuis que gouverne le Général Gerardo Machado, formé à l'école de la barbarie policière Nord-Américaine,[2] on a cessé de gracier les

---

[1] Joseph de Maistre (1753-1821); French author and diplomat, defender of conservative tradition. In his *Soirées de Saint-Pétersbourg* (1821), he claimed that public executioners were the main guardians of social order.

[2] Gerardo Machado (1871-1939); Cuban Dictator (1924-33).

90   LE REGNE DU BOURREAU

condamnés à mort et on applique la garrotte. La garrotte, dont le Roi d'Espagne, Don Alphonse de Bourbon et Habsbourg Lorraine, dit une fois –et c'est à moi qu'il adressa ces paroles– 'qu'au moins c'était plus humanitaire que la guillotine car il n'y avait pas d'effusion de sang'.

Que font-ils donc à Cuba? Ils choisissent l'exécuteur des hautes oeuvres parmi les criminels, lui octroient une prime de 17 dollars et demi par exécution et lui rabattent chaque fois quelques années de prison. Ainsi Paulo Romerio reconquit sa liberté après avoir supplicié huit de ses 'compagnons' et reçut en plus un pourboire de 140 dollars. Pardon... 'ses compagnons'? Ah! non, pas des compagnons! La dignité morale des suppliciés est supérieure à celle du bourreau qui supplicie pour gagner sa liberté et sortir du prison régénéré. Le successeur de Paulo Romerio est un certain Enrique Pineda, condamné à 37 ans de prison, dont six sont déjà écoulés. 'Je veux ma liberté et c'est pour cela que j'ai accepté la charge de bourreau'. Et ce très digne fonctionnaire de la République Démiocratique et Policière de Cuba a ajouté avec une profonde et macabre ironie que dès qu'il aurait recouvré la liberté, il se consacrerait à la politique. Et qui sait si nous ne le verrons pas Président de la République?

Et si un jour même les assassins qui purgent leur peine refusent l'office de bourreau en échange de la liberté? Car nous pouvons espérer cela de la conscience morale d'un de ceux que nous appelons criminels. Il nous est permis d'espérer qu'un criminel qui tua par vengeance, par jalousie ou par cupidité se refuse à assassiner pour satisfaire ce que nous nommons la Justice. Tous les assassins, tous les criminels n'ont pas une âme d'esclave, ou ce qui revient au même, une âme de tyran; car tyran et esclave, c'est tout un.

Parfois le régime fasciste ou démiocratique, se sentant faible, renonce à faire couler le sang, comme il arrive en Espagne où l'on évite autant que possible les violences publiques (il y a, par contre, des prisonniers dont personne n'entend plus jamais parler), mais c'est surtout parce qu'en Espagne le fascisme a pour but non pas tant l'assassinat que le vol d'État.[3] L'occupation principale de ceux qui actuellement dirigent l'Espagne est de la piller de toutes les façons. Et il en est d'impérieuses comme celle-ci: Primo de Rivera accepte une souscription (qu'en réalité il a lui-même ouverte) pour laquelle des conseillers municipaux et provinciaux, désignés par lui et non par un libre suffrage, s'impressent de voter de fortes sommes

---

[3] This is the first time that Unamuno refers to Primo de Rivera's Dictatorship as a 'fascist' régime.

d'argent que l'on soutire ainsi au peuple à l'encontre de sa volonté. L'on ne saurait contester au voleur Primo de Rivera le record de l'élégance dans l'art de voler. D'ailleurs, il sait s'y prendre encore de bien d'autres façons. Quant au principal bourreau du règne, le général Martínez Anido, il ne se laisse pas distancier, lui qui disait qu'il fallait rechercher ceux qui comme nous dénoncent leurs crimes, pour nous faire supplicier 'le nerf du dentiste'. Le grand artiste!

Il m'est dur de persévérer dans cette voie, et je préfère laisser la plume. Je la reprendrai une autre fois pour une tâche moins pénible.

MONDE, Paris, 19 January 1929

92

22
CONTRE LE FASCISME[1]

Des raisons d'ordre très privé et d'autres d'un caractère général m'empêchent de m'éloigner, pour le moment, de cette guérite frontière où j'ai monté ma garde contre la tyrannie prétorienne, pornocratique et démiocratique qui saccage et déshonore l'Espagne; de ce coin de frontière d'où les tyranneaux n'ont pas réussi à ce que l'on m'éloigne.[2]

J'avoue que je ne sais pas très bien ce qu'est le fascisme. En tant que doctrine, chaque jour il présente une nouvelle phase; cela en Italie, car dans ma pauvre Espagne il ne prétend même pas être une doctrine. On dit que dans la soi-disant 'Unión Patriótica'[3] il entre de tout, même des républicains, des socialistes et des anarchistes --on exclut seulement les communistes et les séparatistes-- et que ce n'est pas un parti politique. Ce n'est qu'un répugnant conglomerat de mendiants et de laquais de bourreaux dont le seul programme est de laisser s'en aller les tyranneaux prétoriens et, avec eux, le Roi, sans leur demander de comptes. 'Passons l'éponge.' C'est un leurre, parce que les tyranneaux savent qu'ils doivent s'en aller.

Ils s'emparèrent du Pouvoir disant que ce n'était que pour quelques mois, mais ils durent continuer en voyant que ni les anciens politiciens ne se rendaient ni le peuple ne les appuyait. Et aujourd'hui ils s'adonnent au vol. Primo de Rivera, Martínez Anido et sa bande sont avant tout et surtout des voleurs. Et l'on peut même affirmer que le Roi lui-même y obtient sa part.

Il faut avant tout détruire la légende que le Roi est prisonnier des prétoriens, maître du Pouvoir exécutif et, plus qu'exécutif, exécuteur. Le coup d'État fut préparé et dirigé par le Roi lui-même, qui rêvait, depuis longtemps, d'un pouvoir personnel, impérial et absolu, pour lequel il lui manque toutes les conditions. Mais avec sa lâcheté innée, il n'osa pas faire ce qu'a fait Alexandre de Serbie. Et il essayait même de se tromper.

---

[1] This is the text of a letter that Unamuno sent to the Anti-Fascist Congress in Berlin.

[2] Unamuno describes the Spanish and French authorities' attempts to have him removed from Hendaye in *Cómo se hace una novela*; in *Obras completas*, VIII, 710 and 756.

[3] See Introduction (above, p. x, n. 6).

Il fomenta le coup d'État pour éviter les responsabilités de la campagne du Maroc –qu'il appela 'Croisade' devant le Pape–,[4] responsabilité dont il se savait impliqué. Il me dit à moi-même: 'Oui, oui, toutes les responsabilités, même les miennes si elles m'atteignent'.[5] Il essayait de me tromper. Mais je le connaissais et je savais qu'il ment toujours, même quand il dit la vérité, car alors c'est qu'il n'y croît pas lui-même. Aujourd'hui il se voit pris dans ses propres filets. Voici que sont passées plus de cinq années sans élections d'aucune sorte (conseillers, députés provinciaux, assembléistes, tous sont toujours désignés par la tyrannie). Et malgré qu'il affirme que la suspension de la constitution est intérimaire, il ne veut pas du Parlement.

La caractéristique de la tyrannie prétorienne sur l'Espagne est, aujourd'hui, sa rapacité, sa larronnerie. Et ce qu'ils dépensent pour la soutenir une fortune, rien que pour suborner la presse étrangère et surtout la presse française.

Ils proclament leur non-violence. Ils ont peur du sang. L'affaire de Véra les effraya.[6] Celle-là fut plus grave que celle de Matteotti,[7] car on le fit assassiner irrégulièrement, tandis qu'on obligea le Tribunal suprême de la guerre et de la marine à condamner à mort ceux de Véra qui avaient été acquittés par un tribunal, faute de preuve. Encore ne le furent-ils qu'au garrot, comme me le dit le Roi Alphonse (il me le dit à moi, je l'entendis). Le garrot est plus humanitaire que la guillotine, 'car il n'y a pas d'effusion de sang'. Ce sont ses paroles textuelles.

Effusion de sang au Maroc (que ce même Roi appela, d'après l'Épiscopat, 'Croisade' devant le Pape).[8] Dans les rues de Tétouan on vendait des cartes représentant des légionnaires exhibant des têtes de Maures que couvrait un drapeau de la Croix-Rouge. Dans un des journaux les plus populaires de Madrid, on publia une photographie du banquet offert, au Maroc, à la Duchesse de la Victoire, lui présentant à table, sur un plateau, une tête de Maure bien assaisonnée.

Aujourd'hui, ils évitent déjà les cruautés publiques et s'adonnent au vol.[9] Voleurs, voleurs, voleurs!

---

[4] See p. 61, n. 11.
[5] See p. 60, n. 7.
[6] See p. 62, n. 16 and p. 69, n. 5.
[7] Giacomo Matteotti (1885-1924); Italian Socialist who was murdered by Fascist Black Shirts.
[8] See p. 61, n. 11.
[9] On this point, see also 'Le Règne du bourreau' (above, p. 90).

Martínez Anido lui-même, 'ce cochon épileptique',[10] celui de la loi de fuite,[11] le plus grand bourreau du royaume, ramasse par le vol une fortune qui lui permette de fuir. Et je ne veux rien dire du sadisme crapuleux des tyranneaux qui, plus qu'autre chose, ressemblent à des ruffians de maison publique.

Une autre des caractéristiques c'est que, si les tyranneaux étaient, comme quelques-uns de la Renaissance Italienne ou de l'ancienne Grèce, des hommes ingénieux ou d'un sens artistique... mais Primo de Rivera et Martínez Anido sont des sujets à l'intelligence au-dessous de la moyenne, au-dessous de la normale.[12] Anido est un sadique et Primo un grossier animal possédant moins de cervelle qu'un grillon, et ils ont mis à la tête de l'Instruction Publique un ministre crétin, atteignant ce que les aliénistes appellent 'un profond idiot'.[13] En tout cela, il n'y a ni grandeur tragique, infernale. Mais il suffit, car mon coeur se serre quand je dois, triste devoir, parler de ces choses.

Pour mon Espagne, pour ma pauvre Espagne, ma mère et aussi ma fille, je vous demande, congréssistes,[14] de répandre la vérité. La justice est la liberté de la vérité.

MONDE, Paris, 23 March 1929

---

[10] Unamuno had referred to Martínez Anido in similar terms in the 'Prólogo' to *Cómo se hace una novela*; in *Obras completas*, VIII, 710.

[11] See p. 80, n. 21.

[12] This is not the first time that Unamuno had expressed regret at the fact that Primo de Rivera lacked sufficient intelligence to be a worthy rival. See his 'Prólogo al libro *Las Catilinarias* de Juan Montalvo' of May 1925; reprinted in *Obras completas*, VIII, 1108-14 (especially pp. 1109-10).

[13] Primo de Rivera's Minister of Education was Eduardo Callejo.

[14] See p. 92, n. 1.

23
CONOCEOS LOS UNOS A LOS OTROS

Me complace ver los esfuerzos que hace *Monde* para dar a conocer a su público, a su pueblo francés --por lo menos de lengua--, el alma, es decir, la humanidad de los demás pueblos, del resto del pueblo humano.[1] Y no por exotismo estético. Es lo mejor que puede hacer para la mayor humanización de su pueblo.

    Conócete a ti mismo dijo el oráculo de Delfos (¡oráculo había de ser!). Pero nadie puede conocerse a sí mismo sino en el espejo de los demás, sobre todo de los que nos son al parecer más diferentes. Hay que decir: *Conoceos los unos a los otros.* Que es más alto que *Amaos los unos a los otros.* Pues ya decía Charles Lamb: 'No puedo odiar a aquel a quien conozco'. Aunque odiar, ¿no es, a las veces, amar?

    Disputando y peleando aprenden los hombres a conocerse. Un viejo marino de mi costa vasca me decía una vez que recorriendo el mundo se había encontrado con hombres que viven desnudos... éstos no comen sino verdura, aquéllos no creen en dios alguno, allí todos son dioses, etcétera, ¡y todos viven! Luego —concluía— no se debe discutir. Pero así que viven así, sin discutir ni pelearse, viven animalmente, no humanamente. En espíritu sólo se vive discutiendo, disintiendo para consentir. El odio mismo, si fraternal, si humano, es forma de armonía. La palabra menos humana, más ominosa, es *extranjero*... el de fuera. Pero fuera de mí, *extra mei* [*sic*], no hay nada de humano.

    Más profundo que mi viejo marino vasco fue aquel gañán andaluz que le decía a su amo: '¡Desengáñese, señorito, en este mundo lo sabemos todo entre todos!' Todo lo que se sabe. Y lo que [se] ignora, lo ignoramos entre todos. Y todo lo que sabemos, lo sabemos gracias a nuestras contradicciones íntimas. La ignorancia de mi prójimo me enseña que ignoro lo que creo saber. Nuestros conocimientos —y nuestras ignorancias— son complementarias. Uno tiene el botón, el mango... y el otro tiene el ojal, la hoja del cuchillo.... Donde se impone por dictadura, religiosa, política, social o estética, un dogma cualquiera, acaba por no conocerlo nadie. La ortodoxia es la ignorancia. (Así, verbo gracia, los marxistas ortodoxos no conocen a

---

[1] This article first appeared, in French translation, in *Monde*, Paris, 8 June 1929. The original Spanish version appeared in *Repertorio americano*, San José, Costa Rica, 23 November 1929.

Marx.) La unidad dogmática hace la fe del carbonero, que es la ignorancia de la fe. Cuando todos creen creer lo mismo, es que nadie cree en nada. Voy a buscar en el prójimo lo que me falta para ser más yo. Cada nuevo amigo que me gano me enriquece, no tanto por lo que de él me da cuanto por aquello de mi propio fondo que me revela. Por llevar dentro mío los 1.024 abuelos de hace diez generaciones, llevo a mis contemporáneos todos.

Y así con los pueblos. Y así con sus dioses. Que han existido todos. Hace poco, Henri de Montherlant, ese pesimista tan consolador,[2] en un artículo de una profunda comprensión —comprender es amar—, del lado más humano, más universal del alma española decía: 'Lâcher bride à toutes ses tendances, fussent-elles discordantes, dire toujours oui à la vie, c'est croire que tout est vérité, que tout est erreur, bref que tout vaut. Et c'est le titre d'une pièce de ce Calderón que les Espagnols reconnaissent, avec Cervantès, pour l'écrivain le plus représentatif de leur race: *En esta vida todo es verdad y mentira*'.[3] (Y en cuanto a lo que los dogmáticos, o sea los dictadores, llaman verdad, hay que cogerla hoy mismo y según pasa, porque mañana será error y pasado mañana mentira.) Sin la civilización de los pueblos que llamamos salvajes perecería la salvajería sin que no pueden vivir en civilización los sedientos civilizados.

El radical escepticismo es la omniafirmación. Como lo más consolador es el pesimismo —un pesimismo como el de mi prójimo, Montherlant. Pero si este mundo —que es el único posible— es el peor de los posibles, resulta ser excelente. Y es excelente porque en él se vive y se goza. Y hasta se divierte. Algunos haciendo pesimismo. Y la diversión es lo más sagrado. Hasta tal punto que los pueblos antes se rebelan porque no les dejan divertirse a su manera —cantando sus penas, por ejemplo— que por no tener pan. Más motines hay en Castilla por la suspensión de una novillada que por la carestía del pan o una baja de salarios. Y la felicidad de Leopardi, ¿en qué consistió si no en maldecir de haber nacido y cantar su maldición?[4] Y

---

[2] Henri de Montherlant (1896-1972); French novelist and dramatist.

[3] Montherlant, 'La Tragédie de l'Espagne', *Revue de France*, 1929; reprinted in Montherlant, *Essais*, ed. Pierre Sipriot (Paris: Gallimard, 1962), p. 617.

[4] Giacomo Leopardi (1798-1837); Italian poet. Unamuno chose to take a copy of Leopardi's poetry with him when he was sent into exile on Fuerteventura in February 1924. The two other books he took were Dante's *Divina Comedia* and an edition of the New Testament in Greek (see 'La

¿de qué se envaneció más el rey vano Salomón que de haber dicho lo de 'vanidad de vanidades y todo vanidad'?[5]

'Mi descanso es pelear' dice un dicho español. Y mi pelear es conocer gracias a la pelea.

¿Conocer? ¿Amar? Hace poco se burlaba donosamente Benedetto Croce[6] de esa ridícula pregunta que tantas veces se le dirige aquí al extranjero y a cuanto extranjero: 'Aimez-vous la France? Aimez-vous?' ¡Como si se tratase de una *cocotte* o de una querida! Yo, cuando un francés me la dirige, le contesto: 'Y Vd., francés, ¿conoce Vd. Francia?' Si no conoce el resto del mundo, no, no la conoce. Y, por lo tanto, no la ama.

He aquí por qué me complace ver que *Monde* de París se esfuerza en que el pueblo francés aprenda en el espejo de otros pueblos a descubrir en sí calidades para él mismo ignoradas. Y que este pueblo francés, que se dice el de la medida, aprenda a no medir el sistema métrico-decimal que es el de su invención. No le vendría mal medirse alguna vez a sí mismo por yardas, pies y pulgadas inglesas. O por varas, pies y pulgadas castellanas.

Conozcámonos los unos a los otros para conocernos a nosotros mismos.

REPERTORIO AMERICANO, San José, Costa Rica, 23 November 1929 (first published, in French translation, in *MONDE*, Paris, 8 June 1929)

---

aulaga majorera', *Caras y caretas*, Buenos Aires, 31 May 1924; reprinted in *Obras completas*, I, 556-58). He may be thinking here of the poem 'Canto notturno di un pastore errante dell'Asia' from the collection *Canti*, whose final line reads: 'è funesto a chi nasce il dì natale' (Giacomo Leopardi, *Poesie* (Florence: Adriano Salani, 1930), p. 121).

[5] Ecclesiastes 1. 2.

[6] Benedetto Croce (1866-1952); Italian philosopher and literary critic.

BIBLIOGRAPHY

Newspaper sources

Hojas Libres (Bayonne)
El Liberal (Bilbao)
El Liberal (Madrid)
La Libertad (Madrid)
El Mercantil Valenciano (Valencia)
Monde (Paris)
Repertorio Americano (San José, Costa Rica)
La Revue de Genève (Geneva)
El Socialista (Madrid)

Works by Unamuno

Unamuno, Miguel de, *Obras completas*, 9 vols (Madrid: Escelicer, 1966-71)

---------- *Crónica política española (1915-1923)*, ed. Vicente González Martín (Salamanca: Almar, 1977)

---------- *República española y España republicana*, ed. Vicente González Martín (Salamanca: Almar, 1979)

---------- *Dos artículos y dos discursos*, ed. David Robertson (Madrid: Espiral Hispanoamericana, 1986)

---------- *Política y filosofía*, ed. Diego Núñez and Pedro Ribas (Madrid: Fundación Banco Exterior, 1992)

See also works listed below by: Comín Colomer, Ouimette, Roberts and Robertson.

Secondary works

Abad de Santillán, D., *De Alfonso XIII a Franco* (Buenos Aires: Ed. Argentina, 1974)

Ben-Ami, Shlomo, *The Origins of the Second Republic in Spain* (Oxford: University Press, 1978)

---------- *Fascism from Above* (Oxford: Clarendon Press, 1983)

Butt, John, 'Unamuno's Socialism: A Reappraisal', in *Re-reading Unamuno*, ed. N. G. Round (Glasgow: University of Glasgow, 1989), pp. 1-17

Carr, Raymond, *Spain 1808-1939* (Oxford: Clarendon Press, 1966)

Casassas Ymbert, Jordi, *La Dictadura de Primo de Rivera (1923-1930). Textos* (Barcelona: Anthropos, 1983)

Comín Colomer, Eduardo, *Unamuno, libelista* (Madrid: Colección Siglo Ilustrado, 1968) (contains seventeen articles published by Unamuno in *Hojas Libres*)

Díaz, Elías, *Revisión de Unamuno* (Madrid: Tecnos, 1968)

García Queipo de Llano, Genoveva, *Los intelectuales y la Dictadura de Primo de Rivera* (Madrid: Alianza, 1988)

Gómez Molleda, Dolores, *Unamuno 'agitador de espíritus' y Giner de los Ríos* (Salamanca: Universidad de Salamanca, 1976)

Leopardi, Giacomo, *Poesie* (Florence: Adriano Salani, 1930)

Montherlant, Henri de, *Essais*, ed. Pierre Sipriot (Paris: Gallimard, 1962)

Ouimette, Victor, 'Unamuno, Blasco Ibáñez and *España con Honra*', *Bulletin of Hispanic Studies*, 53 (1976), 315-22 (contains one article published by Unamuno in *España con Honra*)

---------- 'Unamuno and Le Quotidien', *Revista Canadiense de Estudios Hispánicos*, 2 (1977), 72-82 (contains three articles published by Unamuno in *Le Quotidien*)

---------- 'El destierro de Unamuno y el ataque a la inteligencia', *Cuadernos de la Cátedra Miguel de Unamuno*, 27 (1985), 25-41

---------- 'Unamuno y la tradición liberal española', in *Actas del Congreso Internacional Cincuentenario de Unamuno*, ed. D. Gómez Molleda (Salamanca: Universidad de Salamanca, 1989), pp. 69-80

Roberts, Stephen G. H., 'Unamuno contra Primo de Rivera: Diez artículos de 1923-24', *Sistema*, 75 (November 1986), 83-112 (contains ten articles published by Unamuno between November 1923 and February 1924)

---------- 'Unamuno's Opposition to Primo de Rivera and his Sense of Mission (1923-24)', in *Re-reading Unamuno*, ed. N. G. Round (Glasgow: University of Glasgow, 1989), pp. 81-99

---------- 'Unamuno en el exilio y su lucha contra la tontería', in *Actas del Congreso Internacional Cincuentenario de Unamuno*, ed. D. Gómez Molleda (Salamanca: Universidad de Salamanca, 1989), pp. 591-94

Robertson, David, 'Una guerra de palabras. Primo de Rivera y Unamuno en *Le Quotidien*', *Cahiers du CRIAR*, 5 (1985), 107-21 (contains five articles published by Unamuno in *Le Quotidien*)

Salcedo, Emilio, *Vida de don Miguel* (Salamanca: Anaya, 1964)

Valdés, M. J. and M. E. de Valdés, *An Unamuno Source Book* (Toronto: University Press, 1973)

Zubizarreta, A. F., *Unamuno en su nivola* (Madrid: Taurus, 1960)

TABLE OF CONTENTS